MODERN HUMANITIES RESEARCH ASSOCIATION
CRITICAL TEXTS

PHOENIX
VOLUME 5

EDITORS
THOMAS WYNN
PIERRE FRANTZ

Le Rendez-vous des Tuileries, ou le Coquet trompé
Michel Baron

Le Rendez-vous des Tuileries, ou le Coquet trompé

par
Michel Baron

Édition présentée, établie et annotée par
Jeanne-Marie Hostiou

avec la collaboration de
Clémence Monnier

Modern Humanities Research Association
2013

Published by

*The Modern Humanities Research Association,
1 Carlton House Terrace
London SW1Y 5AF*

© *The Modern Humanities Research Association, 2013*

Jeanne-Marie Hostiou has asserted her right under the Copyright, Designs and Patents Act 1988 to be identified as the author of this work. Parts of this work may be reproduced as permitted under legal provisions for fair dealing (or fair use) for the purposes of research, private study, criticism, or review, or when a relevant collective licensing agreement is in place. All other reproduction requires the written permission of the copyright holder who may be contacted at rights@mhra.org.uk.

First published 2013

ISBN 978-1-907322-90-7

Copies may be ordered from www.phoenix.mhra.org.uk

TABLE DES MATIÈRES

Introduction	3
Michel Baron, comédien et dramaturge	4
Création et réception du *Rendez-vous des Tuileries*	16
Notice sur le prologue	24
Notice sur la pièce	33
Établissement du texte	43
Le Rendez-vous des Tuileries ou le Coquet trompé	47
Prologue	49
Acte I	75
Acte II	96
Acte III	114
Variantes	129
Annexe musicale	131
Bibliographie sélective	145

« Dames en conversation aux Tuileries ». Bibliothèque nationale de France, département Estampes et photographie. Nicolas Bonnart (graveur) (1637?–1718).

INTRODUCTION

Michel Baron fut un homme de théâtre célèbre en son temps, admiré et controversé, mais principalement pour ses talents de comédien. Promoteur d'un jeu naturel, il constitua un relais actif entre deux grandes générations d'acteurs, ceux de Molière (dont il fut l'élève) et ceux de Voltaire (qu'il forma à son tour). À la fin du XVIIIe siècle, Collé ou Marmontel se réfèrent encore à la perfection de son art et font de lui un modèle. Son œuvre de dramaturge reste pourtant mal connue. Tout au mieux se rappelle-t-on de lui comme de l'auteur de *L'Homme à bonne fortune*[1] dont *Le Rendez-vous des Tuileries*, qui ne connut qu'une brève carrière à la fin du XVIIe siècle, ne serait qu'un premier état.

Avec *Le Rendez-vous des Tuileries*, sa première pièce, Baron se place ostensiblement dans la continuité de Molière qu'il imite dans son prologue, réécriture de *L'Impromptu de Versailles*. Or cette comparaison a desservi Baron, souvent qualifié d'auteur « post-moliéresque ». La formule, qui étiquetait hâtivement son œuvre, invitait le lecteur à n'y chercher que l'imitation dégradée d'un modèle extérieur. Abordé à l'aune de son prédécesseur, Baron a été critiqué pour les faiblesses de son écriture, déréglée et décousue. Plus largement, c'est tout le théâtre comique de la fin du règne de Louis XIV qui, dans son ensemble, a pâti de la comparaison avec Molière.

Il s'agit là pourtant d'un malentendu que cette édition souhaiterait contribuer à dissiper. À y regarder de plus près, Baron interroge son modèle autant qu'il le revendique. Il l'infléchit autant qu'il l'imite et l'exhibe. *Le Rendez-vous* s'inscrit en porte-à-faux de l'image que l'on se fait communément du théâtre dit « classique » — un théâtre purement littéraire, fondé sur le respect des règles, animé par les principes de l'illusion et de la vraisemblance, et cautionné par le principe horatien du « *castigat ridendo mores* ». Au contraire, la dramaturgie de Baron joue sur la porosité entre la scène et la salle, et déjoue les règles de l'illusion. Elle délaisse la linéarité de l'intrigue pour offrir au spectateur des moments de théâtre qui s'apprécient de façon quasi autonome. Elle tourne le dos à toute recherche d'édification. Enfin, elle se détourne du littéraire pour rechercher le spectaculaire et le dialogue des arts (littérature, musique et

---

1. Cette pièce, maintenue au répertoire de la Comédie-Française jusqu'au XIXe siècle, fut souvent rééditée. Les deux éditions les plus récentes figurent dans des anthologies : *La Comédie aux XVIIe et XVIIIe siècles*, éd. Gilbert Sigaux, 2 vol. (Genève : Le Cercle du Bibliophile, 1968) ; et *Théâtre du XVIIe siècle*, éd. Jacques Truchet et André Blanc, 3 vol. (Paris : Gallimard, « Pléiade », 1992), III, p. 269–330. Elle figure encore sous forme d'extraits dans la récente anthologie du *Théâtre français du XVIIe siècle*, sous la direction de Christian Biet (Paris : Éditions L'avant-scène théâtre, 2009), p. 520–21.

danse) : c'est pourquoi cette édition reproduit la partition de la pièce, composée par Marc-Antoine Charpentier.

Dans cette comédie nocturne, où l'on dort le jour et vit la nuit, les intrigues amoureuses et matrimoniales se règlent sur fond de jeux de hasard spéculatifs, jeux de cartes et jeux de dupes. *Le Rendez-vous des Tuileries* figure les déboires du petit milieu d'une aristocratie oisive et désœuvrée qui déstabilise les valeurs morales et met en crise les principes fondateurs de la société d'Ancien Régime. La pièce interroge ainsi son époque : une « époque charnière » entre le siècle de l'absolutisme et celui des Lumières, une « zone incertaine, malaisée » où partout surgit l'esprit de doute.[1] En dressant l'esquisse, avec un cynisme fertile, d'une société fin-de-règne, Baron remet ainsi en cause, et en jeu, les modèles esthétiques et idéologiques d'un siècle classique arrivé à son crépuscule.

Michel Baron, comédien et dramaturge

L'acteur Baron, entre mythe et réalité

À l'instar de son maître Molière, Baron allia les talents complémentaires de comédien et de dramaturge.[2] Le succès considérable qu'il connut comme acteur lui valut en son temps le surnom de « Roscius de notre siècle ».[3] Malgré cette notoriété, il n'est pas aisé de faire le récit de sa vie. D'abord, parce qu'il fut l'objet de nombreuses polémiques : des anecdotes piquantes et contradictoires fusent à son endroit, autant de son vivant qu'après sa mort — anecdotes élogieuses ou moqueuses, notamment sous les plumes acerbes de Lesage, La Bruyère ou d'un abbé d'Allainval particulièrement véhément. Ensuite, et par conséquent, parce que tous les récits qui touchent à sa vie sont sujets à caution, même lorsque Baron lui-même en est à l'origine. C'est notamment le cas pour *La Vie de Molière* de Grimarest, biographie largement rédigée d'après les mémoires de Baron qui s'y accorde une place de choix (un cinquième environ des pages de cette *Vie* lui sont consacrées),[4] ce qui lui valut les accusations d'égotisme et de mystification.[5]

---

1. Nous renvoyons à l'ouvrage de Paul Hazard, *La Crise de la conscience européenne (1680-1715)* (Paris : Fayard, 1961), p. vii.
2. L'ouvrage le plus complet sur Baron est la monographie de Bert-Edward Young, *Michel Baron, acteur et auteur dramatique* (Grenoble : Allier frères, 1904). Voir aussi la notice, d'une longueur peu commune, qu'Evrard Titon du Tillet lui consacre dans son *Parnasse français* (Paris : Coignard, 1732), p. 638-43.
3. Notice nécrologique du *Mercure de France*, décembre 1729, second volume, p. 3115.
4. Young, *Michel Baron*, p. 294.
5. D'Allainval regrette que le comédien-dramaturge ait eu plus à cœur, en livrant ses mémoires pour *La Vie de M. de Molière*, de faire « ses propres louanges et celles d'un *Théâtre* dont il n'était guère que le parrain » que de « donner des éclaircissements curieux et intéressants sur les pièces de [Molière] » (*Lettre à Mylord*** sur Baron et la Demoiselle Le Couvreur*, in *Mémoires sur Molière et sur Mme Guérin, sa veuve, suivis des Mémoires sur Baron et sur Mlle Lecouvreur*, Paris : Ponthieu, 1822, p. 222).

INTRODUCTION 5

Les incertitudes sur la vie de Michel Boyron, dit Baron ou Le Baron (ainsi qu'il se nomme dans le prologue),[1] commencent dès sa naissance, dont la date fait débat. D'après l'extrait baptistaire produit à sa mort, Baron serait né en octobre 1653 dans la paroisse de Saint-Sauveur, mais la notice nécrologique que lui consacre le *Mercure de France* note que l'âge de Baron « était un problème pendant sa vie » et que « c'en est encore un après sa mort ». Le périodique poursuit en notant que l'acteur était « extrêmement délicat là-dessus » au point de se fâcher « avec ses meilleurs amis qui voulaient le pénétrer ».[2] Dès 1715, Lesage épingle la coquetterie de cet acteur « plus vieux que Saturne » qui se teint en noir cheveux, sourcils et moustache.[3] Le même Lesage réitère ces moqueries dans *Le Diable boiteux* où il brosse le portrait satirique de ce « superbe héros de coulisse » qui paraît au théâtre depuis si longtemps « qu'il est pour ainsi dire *théâtrifié* ».[4] La notice du *Mercure de France* s'appuie sur le témoignage d'un ami d'enfance de Baron pour conclure qu'à sa mort, en 1729, l'acteur était probablement âgé de 82 ans. Il serait alors né en 1647.

Baron est fils de comédiens, et ses descendants exerceront la même profession pendant trois générations.[5] Son père, André, avait débuté sa carrière avec une troupe de comédiens de province avant de faire ses débuts parisiens au Marais puis d'entrer à l'Hôtel de Bourgogne où il incarnait les rôles de rois et de paysans. Cet acteur, qui « avait une très belle voix et devint bon comédien »,[6] ne connut

1. Dans toute l'histoire de la famille, les variantes du nom coexistent. Lemazurier rapporte que c'est à Louis XIII que cette famille doit le changement de son nom, de Boyron à Baron : « Les premières fois que [André Baron] parut devant ce monarque, il l'appela trois ou quatre fois *Baron*. Ce nom lui resta » (*Galerie historique des acteurs du théâtre français*, 2 vol., Paris : Chaumerot, 1810, I, p. 77). L'ajout de l'article « Le » devant Baron augmentait l'ambiguïté avec le titre de noblesse. L'acte d'inhumation de Michel porte le nom de *Boiron*.
2. Notice nécrologique du *Mercure de France*, p. 3115. D'Allainval note dans sa *Lettre à Mylord**** que Baron était « plus mystérieux qu'une coquette » au sujet de son âge (p. 215).
3. « As-tu remarqué ses cheveux noirs ? Ils sont teints aussi bien que ses sourcils et sa moustache. Il est plus vieux que Saturne. Cependant, comme au temps de sa naissance ses parents ont négligé de faire écrire son nom sur les registres de sa paroisse, il profite de leur négligence, et se dit plus jeune qu'il n'est de vingt bonnes années pour le moins. » Ce portrait à clef, par Alain-René Lesage, se trouve dans l'*Histoire de Gil Blas de Santillane* [1715-1735], in *Romanciers du XVIIIe siècle*, éd. Étiemble, 2 vol. (Paris : Gallimard, « Pléiade », 1960), vol. 1, tome I, livre III, chapitre 11, p. 276.
4. Alain-René Lesage, *Le Diable boiteux* [1726], in *Romanciers du XVIIIe siècle*, vol. 1, p. 454.
5. Son fils, Étienne Baron (1676-1711), démarre une brillante carrière à la Comédie-Française mais meurt prématurément. Trois enfants d'Étienne, fruits de son mariage avec Catherine Vanderbeck (la fille de l'acteur forain Maurice), exerceront aussi le métier de comédien : Jeanne-Catherine connue sous le nom de Mademoiselle de la Traverse, Catherine-Charlotte qui épouse le comédien Desbrosses, et François. Une arrière-petite-fille de Baron aurait également commencé une carrière de comédienne en 1767. Voir Henri Lyonnet, *Dictionnaire des comédiens français, ceux d'hier : biographie, bibliographie, iconographie*, 2 vol. (Genève : Bibliothèque de la revue internationale illustrée, 1912), I, p. 84-93.
6. Titon du Tillet, *Parnasse français*, p. 638.

qu'une courte carrière, puisqu'il meurt en 1655, à la suite d'un accident sur scène : d'après Tallemant des Réaux, il se serait piqué au pied en marchant sur son épée alors qu'il jouait le rôle de Don Diègue du *Cid*, « et la gangrène s'y mit ».[1] L'acteur aurait refusé de se faire amputer, alléguant qu' « un roi de théâtre se ferait huer avec une jambe de bois ».[2] La mère de Michel, Jeanne Auzoult, était également comédienne à l'Hôtel de Bourgogne. De plus de vingt ans la cadette de son mari, elle ne lui survécut que de sept ans.[3] Lors de sa courte carrière, elle s'était distinguée autant par sa beauté[4] que par son esprit borné, si bien que le cardinal de Richelieu l'avait surnommée la « *belle ignorante* ».[5]

Jeune orphelin, Baron entame très tôt sa carrière de comédien : placé un temps à Villejuif chez des tuteurs qui dilapident son héritage,[6] il entre dans la petite troupe du Dauphin,[7] dirigée par la veuve Raisin, qui se produit habituellement à la Foire Saint-Germain et le reste de l'année en province et dans plusieurs lieux de Paris, dont le Palais-Royal.[8] D'après Grimarest, le jeune comédien alors âgé « de dix ou onze ans » s'attire de rapides suffrages[9] et Robinet distingue ce « fils de la Baronne », qui « comme elle [a] le beau destin, / De charmer chacun sur la scène ».[10]

Ce serait lors d'une représentation au Palais-Royal que le jeune comédien aurait été repéré par Molière, qui l'aurait intégré à sa troupe.[11] Cette première collaboration, qui n'est pas attestée dans le registre de La Grange, aurait duré environ une année,[12] au cours de laquelle Molière aurait entamé l'éducation du jeune Baron, comme le rapporte notamment Voltaire :

---

1. Gédéon Tallemant des Réaux, *Historiettes*, édition établie et annotée par Antoine Adam, 2 vol. (Paris : Gallimard, « Pléiade », 1961), II, p. 776.
2. Lemazurier, *Galerie historique des acteurs du théâtre français*, I, p. 77.
3. Leur acte de mariage, daté du 20 avril 1641, indique que Jeanne a seize ans et que son mari en a quarante. Reproduit par Auguste Jal dans son *Dictionnaire critique de biographie et d'histoire* (Paris : Plon, 1872), p. 111.
4. Tallemant note ainsi qu'elle « réussit admirablement pour la beauté » (*Historiettes*, II, p. 776). Voir également les frères Parfaict, *Histoire du théâtre français depuis son origine jusqu'à présent*, 14 vol. (Paris : Le Mercier, 1745-1748), IX, p. 155-58.
5. Titon du Tillet, *Parnasse français*, p. 638.
6. Jean Léonor Le Gallois Grimarest, *La Vie de M. de Molière*, éd. critique par Georges Mongrédien [1955] (Genève : Slatkine Reprints, 1973), p. 65.
7. *Ibid.*, p. 66.
8. Jean Loret, *La Muse historique*, Lettre XXII, du samedi 7 juin 1664.
9. « Il était surprenant qu'un enfant de dix ou onze ans, sans avoir été conduit dans les principes de la déclamation, fît valoir une passion avec autant d'esprit qu'il le faisait » (Grimarest, *La Vie de M. de Molière*, p. 66).
10. Extrait de la lettre du 22 février 1666 (cité par Mongrédien, *La Vie de M. de Molière*, p. 67).
11. *Ibid.*, p. 67-69.
12. Baron, qui d'après Robinet est encore dans la troupe de la Raisin en février 1666, aurait quitté Molière dès la fin des fêtes du *Ballet des Muses*, au début de l'année 1667 (voir les notes de Mongrédien, *La Vie de M. de Molière*, p. 71-73).

Molière éleva et [...] forma un autre homme, qui par la supériorité de ses talents, et par les dons singuliers qu'il avait reçus de la nature, mérite d'être connu de la postérité. C'était le comédien Baron, qui a été unique dans la tragédie et dans la comédie. Molière en prit soin comme de son propre fils.[1]

Les deux hommes auraient rompu à la suite d'une dispute au moment de la création de *Mélicerte* où le jeune comédien interprétait le rôle de Myrtil écrit spécialement pour lui. Il aurait alors rejoint la veuve Raisin,[2] avant d'intégrer une troupe de province au sein de laquelle il rencontra notamment le couple Beauval, avec qui il poursuivra toute sa carrière et qu'il fait figurer dans le prologue du *Rendez-vous des Tuileries*. Ce qui est sûr, c'est qu'en avril 1670, depuis la ville de Dijon où il se trouve, Baron rejoint définitivement la troupe de Molière. La Grange consigne alors dans son registre : « Quelques jours après qu'on [a] recommencé après Pâques, Monsieur de Molière mand[e] de la campagne le sieur Baron, qui se ren[d] à Paris après avoir reçu une lettre de cachet, et [touche] une part ».[3] Deux mois plus tard, le couple Beauval rejoint la même troupe, pour une part et demie.

Le succès de Baron est immédiat. Il se distingue notamment dans l'Amour de *Psyché*, pièce créée en 1671 en présence du roi, de la reine et de toute la cour.[4] Le pamphlet anonyme de *La Fameuse comédienne*, libelle dénonçant les mauvaises mœurs d'Armande Béjart, rapporte que cette pièce aurait donné naissance à une idylle entre cette dernière et Baron, rapidement brouillée par une rivalité de coquetterie entre les amants.[5] Malgré cette incartade, Baron serait resté fidèle à son maître jusqu'à ses derniers moments : Grimarest rapporte notamment comment le jeune comédien aurait assisté Molière au moment de sa mort et se serait rendu à Saint-Germain, le jour suivant, pour en informer le roi.[6]

Trois jours après la mort de Molière, le 24 février 1673, la troupe reprend les représentations et Baron remplace son maître dans le rôle d'Alceste du *Misanthrope*.[7] Mais il quitte dès Pâques la troupe orpheline : accompagné de La Thorillière et du couple Beauval, il rejoint la troupe rivale de l'Hôtel de Bourgogne où il devient l'interprète de Racine et joue les premiers rôles « avec

---

1. Voltaire, *Vie de Molière*, in *The Complete Works of Voltaire*, 9 (Oxford : Voltaire Foundation, 1999), p. 323-463 (p. 405).
2. Grimarest, *La Vie de M. de Molière*, p. 72.
3. *Registre de La Grange (1658-1685)* (Paris : Claye, 1876), p. 111.
4. L'auteur anonyme de *La Fameuse comédienne* rapporte comment, dans ce rôle, il « enl[ève] les cœurs de tous les spectateurs » (*La Fameuse Comédienne ou histoire de la Guérin, auparavant femme et veuve de Molière* [1688], Paris : Barraud, 1870, p. 24).
5. Cette liaison se serait interrompue au moment où « la Molière, qui était la personne du monde la plus prévenue de sa beauté, sentit quelque honte de voir que son amant lui venait en concurrence et lui enlevait tous ses adorateurs » (*La Fameuse Comédienne*, p. 25-26).
6. Grimarest, *La Vie de M. de Molière*, p. 121-22.
7. *Registre de La Grange (1658-1685)*, p. 140-41.

un applaudissement général ».¹ Il se distingue notamment dans le Pyrrhus d'*Andromaque*, au sujet duquel Titon du Tillet rapporte que Racine aurait refusé de lui donner des conseils d'interprétation, lui adressant ce bel éloge : « pour vous, je n'ai point d'instruction à vous donner, votre cœur vous en dira plus que mes leçons n'en pourraient faire entendre ».² Plusieurs anecdotes font pourtant part d'une vive hostilité entre les deux hommes : d'Allainval note ainsi que « toutes les fois que [Baron] parlait de [Racine], il ne s'épargnait pas à en dire du mal ; il se vantait même de lui avoir donné de bons conseils, et d'avoir fait plusieurs de ses vers ; mais il trouvait tout le monde si prévenu pour ce grand homme, qu'il se désespérait de ne pouvoir persuader personne ».³ Il n'en reste pas moins que la signature de Racine (ainsi que de Corneille) figure sur l'acte de mariage de Baron, lorsqu'il épouse Charlotte Le Noir, fille de La Thorillière, en 1675.⁴

Lors de la fusion des troupes parisiennes en 1680, Baron passe au théâtre Guénégaud. C'est là que, poursuivant sa carrière de comédien avec tout autant de succès, il entame sa carrière d'auteur et qu'il se crée ainsi des rôles sur mesure, comme celui de Moncade dans *L'Homme à bonne fortune* (1686). Malgré son succès considérable auprès du public, Baron semble n'être guère en faveur auprès du roi. On lit par exemple dans le registre de La Grange que, le 19 avril 1685, à la suite d'un voyage à la cour, Baron et Raisin auraient été « exclus de la troupe par ordre du roi, pour avoir manqué de respect [...] à Mme la Dauphine ». Il faut attendre plus de 15 jours pour que les deux comédiens soient réintégrés et autorisés à jouer en public.⁵

La suite de la carrière de Baron donne lieu à une nouvelle énigme : celle de sa retraite précoce, en 1691, puis de son retour sur les planches, vingt-neuf ans plus tard, pour des raisons tout aussi mystérieuses. Si nous ignorons les motifs de son départ, nous savons que Baron n'obtint pas sans peine le droit de se retirer. Le roi qu'il sollicitait l'aurait mis en garde : « si vous quittez le théâtre, vous n'y rentrerez pas tant que je régnerai ».⁶ D'après d'Allainval, Baron aurait allégué « des prétextes de conscience », mais « le vrai motif de sa retraite [...] était qu'il traitait d'une charge de valet de chambre de sa majesté, dont elle lui refusa l'agrément ».⁷ Selon Charles Gueulette, Baron aurait quitté la troupe car Louis XIV lui refusait la régie de la Comédie-Française.⁸ Cette résolution est

---

1. Titon du Tillet, *Parnasse français*, p. 639.
2. *Ibid.*
3. *Lettre à Mylord*** sur Baron et la Demoiselle Le Couvreur*, p. 226.
4. Une copie de cet acte de mariage est conservée aux archives de la Comédie-Française dans le dossier consacré à l'auteur.
5. *Registre de La Grange (1658-1685)*, p. 349-50.
6. *Lettre à Mylord*** sur Baron et la Demoiselle Le Couvreur*, p. 219.
7. *Ibid.*
8. Charles Gueulette, *Acteurs et actrices du temps passé. La Comédie-Française. Première série* (Paris : Librairie des bibliophiles, 1881), p. 9. Nous ignorons sur quoi Gueulette fonde cette hypothèse.

d'autant plus étonnante que Baron aurait manqué d'argent, même s'il achète, l'année de son départ, une belle « maison à porte cochère et jardin » sur les fossés de l'Estrapade.[1] Malgré les 1000 livres de retraite qui lui sont accordées,[2] il connaît en effet d'importantes difficultés financières, comme en témoigne, six ans après son départ, le brevet de 1500 livres de pension qu'il reçoit en tant qu'ancien acteur de la troupe des Comédiens Français, « en considération de ce qu'il a quitté cette profession et qu'il se trouve à présent sans subsistance ».[3] Ses difficultés financières sont également attestées par une lettre qu'il adresse après 1715 au duc d'Orléans, pour le prier de ne pas diminuer de cent écus sa pension. Il a besoin de cette somme, explique-t-il, pour s'acheter « quelque bon livre », après s'être logé, habillé et chauffé.[4]

De fait, Baron lit beaucoup, et consacre sa retraite à l'étude. Il constitue dans sa maison de l'Estrapade un cabinet de lecture qui compte à sa mort presque 1500 volumes,[5] et ses talents de bibliophile sont reconnus par la duchesse du Maine qui s'adresse à lui pour obtenir de bonnes éditions de Corneille, Molière et Racine.[6] Baron collectionne aussi des tableaux,[7] compose des vers et continue d'écrire des pièces pour la Comédie-Française jusqu'en 1705. En outre, il enseigne le théâtre et se produit à titre privé. On le rencontre ainsi autour de 1696 à la cour où, dans l'appartement de Madame de Maintenon, il joue avec son élève, la jeune duchesse de Bourgogne, ainsi qu'avec le duc d'Orléans.[8] En 1702, celui que Saint-Simon appelle déjà « le vieux Baron » exerce la même activité dans l'entourage de Monsieur de

---

1. L'acte d'acquisition du 26 juillet 1691 est reproduit par Georges Monval dans *Un comédien amateur d'art. Michel Baron (1653-1729)* (Paris : Aux bureaux de l'artiste, 1893), p. 10.
2. Lyonnet, *Dictionnaire des comédiens français*, I, p. 84. Lyonnet cite un document d'archive attestant de l'indigence de Baron en 1697.
3. Brevet conservé aux Archives nationales, secrétariat 1697, E. 3383, fol. 183 (Lyonnet, *Dictionnaire des comédiens français*, I, p. 88).
4. « Voyez à quel chagrin me livre / Le plus petit retranchement. / Ne point manger, vivre sans logement, / Sans livre ou sans habit, cela n'est pas possible ; / Et ce serait, grand prince, une chose terrible / Que moi, qui n'eus jamais de plus pressant désir / Que celui de vous plaire et de vous obéir, / Je manquasse aujourd'hui des choses nécessaires ; / Cent écus retranchés dérangent mes affaires. / Et qu'il ne lise point, dira quelque butor ; / Si je ne lis point, je suis mort. » (« Lettre à Monseigneur le duc d'Orléans », in *Le Théâtre de Monsieur Baron, augmenté de deux pièces qui n'avaient point encore été imprimées, et de diverses poésies du même auteur*, 2 vol., Amsterdam : Aux dépens des la compagnie, 1736, II, p. 377-78.)
5. Voir Georges Monval, *Un comédien bibliophile. La bibliothèque de Baron* (Paris : Techener, 1898), p. 12.
6. Voir la « Lettre à S.A.S. Madame la duchesse du Maine, *sur la commission qu'elle me fit l'honneur de me donner, de lui chercher un Corneille, un Molière et un Racine, de la meilleure édition* », *Le Théâtre de Monsieur Baron*, II, p. 381-83.
7. Voir Monval, *Un comédien amateur d'art*, p. 14-19. Cet article s'appuie notamment sur l'inventaire après décès des biens de Baron, comptant 80 tableaux.
8. Voir Voltaire, *Le Siècle de Louis XIV*, in *Œuvres historiques*, édition présentée, établie et annotée par René Pomeau (Paris : Gallimard, « Pléiade », 1957), p. 605-1220 (p. 942).

Noailles.¹ Il donne encore des leçons à des orateurs qui apprennent auprès de lui « le grand art de la déclamation ».² Alors que des rumeurs disent à la cour qu'il perd l'esprit, Baron revendique son goût pour l'étude³ ainsi que ce mode de vie retiré qui le retiendrait dans une solitude et une indépendance propres à la préparation de son salut.⁴ De tels propos ne font que rendre plus surprenant son retour sur scène en 1720.

Après presque trente ans d'absence, Baron reparaît en effet pour interpréter « le principal rôle dans la tragédie de *Cinna*, sur le théâtre du Palais-Royal, en présence du duc d'Orléans, Régent ».⁵ Ce retour, qui attire « une prodigieuse assemblée qui [fait] retentir ses applaudissements »,⁶ est très avantageux pour les Comédiens Français : non seulement parce que Baron attire par sa seule présence un public nombreux, mais aussi, selon Beauchamps, parce qu'il fait profiter ses camarades de son enseignement et les « guérit de cette déclamation forcénée que Beaubourg avait introduite ».⁷ Le succès de la demoiselle Lecouvreur devrait beaucoup aux enseignements de Baron et à la collaboration des deux comédiens.

Pourtant, en cette fin de carrière, le comédien se trouve quelque peu isolé dans la troupe.⁸ Rapidement, il s'attire plus de critiques que d'applaudissements. On condamne l'audace qu'il a eue de remonter sur les planches, ayant pour seul effet de « ternir [...] la gloire qu'il s'y était acquise » ; on lui reproche encore de n'avoir plus à offrir au spectateur que l'image dégradée de son talent passé.⁹ On raille le

---

1. Louis de Rouvroy, duc de Saint-Simon, *Mémoires*, éd. Gonzague Truc, 7 vol. (Paris : Gallimard, « Pléiade », 1947-1961), II, p. 7.
2. *Les Amusements de la Hollande, avec des remarques nouvelles et particulières sur le génie, mœurs et caractères de la nation, entremêlés d'épisodes curieux et intéressants* (La Haye : Pierre Van Cleef, 1739), p. 68.
3. « Veux-tu savoir ce que je fais / Dans mon petit ermitage ? / J'apprends à devenir sage, / Il vaut mieux tard que jamais » ; voir « Lettre à Monsieur de L.C qui me sollicitait de venir à la cour, pour y faire voir que je n'avais pas perdu l'esprit, comme de certaines gens le disaient, et montrer en même temps que je n'étais pas attaqué d'une maladie fâcheuse, comme d'autres le prétendaient », in *Le Théâtre de Monsieur Baron*, II, p. 384.
4. « Ce livre, mon unique étude, / [...] Me retient dans ma solitude / Pour ne dépendre plus que du Ciel et de moi » (« Lettre à Monsieur de L.C », in *Le Théâtre de Monsieur Baron*, II, p. 385).
5. *Mercure de France*, décembre 1729, second volume, 1720, p. 3120.
6. *Ibid.*
7. Pierre François Godart de Beauchamps, *Recherches sur les théâtres en France* (Paris : Prault, 1735), p. 275.
8. Young note que seuls Pierre Lenoir de La Thorillière, Paul Poisson et l'épouse de Dancourt, anciens camarades de Baron, exercent encore à son retour (*Michel Baron*, p. 111).
9. Voir notamment l'« Épître à Monsieur B ..., fameux comédien » de Le Brun : « Autrefois, il est vrai, tu sus, acteur habile, / Charmer également et la cour et la ville / Et du peuple romain *Roscius* en son temps / Reçut et mérita moins d'applaudissements. / Mais tout passe ; aujourd'hui ta mémoire infidèle / Dans le plus court récit bronche, hésite, chancelle ; / Et

comédien décrépit qui, bien malgré lui, provoque le rire plutôt que la crainte ou l'admiration lorsqu'il continue à interpréter les grands rôles tragiques, comme celui de Rodrigue ou celui de Pyrrhus pour lequel il s'était pourtant attiré le beau compliment de Racine.[1] Enfin, on laisse entendre que le vieux Baron aurait mieux fait d'employer « le reste de sa vie à vaquer aux louables occupations qu'il s'était faites »,[2] on le met en garde contre le sort « effrayant » de Molière « qui presque sur la scène a fini sa carrière »,[3] et on l'incite à se retirer au plus vite pour pouvoir « mourir en chrétien ».[4]

Baron meurt pourtant sur scène, ou presque, en jouant dans le *Venceslas* de Rotrou. En 1691, c'est déjà avec cette tragédie qu'il avait mis un terme à sa première carrière ; en septembre 1729, il ne déclame qu'une vingtaine de vers avant d'être pris d'une crise d'asthme qui le force à quitter la scène.[5] Il meurt quelques semaines plus tard, en décembre, après avoir reçu les sacrements de l'Église. Il est enterré dans l'église Saint-Benoît sa paroisse. Et s'il doit, au seuil de la mort, renier sa profession pour être enterré dignement, Baron a toujours, de son vivant, défendu un métier dont il était « fanatique ».[6] D'après Titon du Tillet, « personne n'a parlé d'un ton plus emphatique de l'excellence de sa profession : il la comparait à tout ce qu'il y avait de plus brillant dans le monde, par rapport à tous les talents nécessaires pour faire un grand comédien ».[7] Selon Voltaire, défenseur des droits des comédiens, Baron serait mort « en protestant qu'il n'avait jamais eu le moindre scrupule d'avoir déclamé devant le public des chefs-d'œuvre de génie et de morale des grands auteurs de la nation, et que rien n'est plus impertinent que d'attacher de la honte à réciter ce qu'il est glorieux de composer ».[8] Plus sarcastique, l'abbé d'Allainval ironise sur l'emphase avec laquelle Baron considérait son métier et admirait son propre talent, rapportant ses propos : « J'ai lu, disait-il [...], toutes les histoires anciennes et modernes ;

---

quelquefois d'un vers qu'elle a défiguré, / La mesure est contrainte et le sens altéré. / Tu n'as plus cette grâce, aimable, enchanteresse, / Ce geste libre, aisé, que donne la jeunesse : / Malgré tous tes efforts et tes soins superflus, / On cherche en toi B ... que l'on n'y trouve plus » (*Œuvres en vers et prose*, Paris : Prault père, 1736, p. 14).

1. On lit à la suite, dans la même épître de Le Brun : « On rit en te voyant suranné Bajazet / Sentir pour Atalide un amour indiscret ; / Et flatter tes désirs de l'espérance vaine / D'attendrir Andromaque, ou de plaire à Chimène. »
2. *Les Amusements de la Hollande*, p. 69.
3. Le Brun, « Épître à Monsieur B..., fameux comédien », p. 19.
4. *Ibid.*, p. 15.
5. Notice nécrologique du *Mercure de France*, p. 3120.
6. Charles Collé, *Journal et Mémoires, sur les hommes de lettres, les ouvrages dramatiques et les événements les plus mémorables du règne de Louis XV (1748-1772)*, éd. Honoré Bonhomme, 3 vol. (Paris : Firmin Didot, 1868), I, p. 140.
7. Titon du Tillet, *Parnasse français*, p. 642.
8. Voltaire, « Catalogue alphabétique de la plupart des écrivains français qui ont paru dans le siècle de Louis XIV, pour servir à l'histoire littéraire de ce temps », *Le Siècle de Louis XIV*, p. 1136.

12 INTRODUCTION

j'y trouve que la nature prodigue y a vomi dans tous les temps une foule de héros et de grands hommes dans chaque genre ; elle semble n'avoir été avare que de grands comédiens ; je ne trouve que Roscius et moi ».[1]

Malgré une trop longue fin de carrière, les évocations posthumes du jeu de Baron dissipent les souvenirs railleurs. Au lendemain de sa mort, son talent est largement salué. En 1730, l'auteur anonyme de la *Seconde Lettre du souffleur* retient l' « aisance », la « vraisemblance » et la « simplicité majestueuse » d'un jeu qui rendit l'acteur « si célèbre »,[2] et rapporte un trait qui met selon lui Baron « au-dessus de tout ce qu'on en peut dire » : l'acteur impressionnait parfois tellement son auditoire que celui-ci en « oubliait d'applaudir » (« On restait immobile alors, on n'entendait qu'un faible murmure, et on se disait tout bas, et avec admiration : *O que cela est beau !* »).[3] Collé qui l'a vu jouer à la fin de sa vie se souvient de son « naturel qui allait jusqu'au familier, même dans le tragique, sans par là en dégrader la majesté » ; il salue sa déclamation qui savait « rompre la mesure des vers de sorte que l'on ne sentait point l'insupportable monotonie du vers alexandrin », rapportant qu' « il faisait de si longues pauses, et jouait si lentement que le spectacle durait une demi-heure de plus, quand il y avait un rôle ».[4] Avec Marmontel, la postérité fait de Baron le modèle et le

---

1. *Lettre à Mylord*** sur Baron et la Demoiselle Le Couvreur*, p. 237.
2. Anonyme, *Seconde Lettre du souffleur de la comédie de Rouen au garçon de café* (Paris : Tabarie, 1730), p. 27-29.
3. *Ibid.*, p. 29.
4. « Baron, la Le Couvreur et les Quinault, que j'ai vus quoique je ne sois pas encore bien vieux, m'avaient donné une idée de la perfection, surtout Baron, auquel il ne manquait quelquefois que de la chaleur pour être le plus accompli comédien qui ait jamais pu exister. Il faut supposer même qu'il avait eu cette partie essentielle du comédien lorsqu'il était jeune. Quand je l'ai vu, il avait déjà soixante-douze ou soixante-quinze ans, et à cet âge on pouvait bien lui pardonner de ne pas entrer aussi vivement dans la passion que l'eût pu faire un acteur de trente ans. Il suppléait de reste à ce défaut par une intelligence, une noblesse et une dignité que je n'ai vues qu'à lui. Il excellait surtout dans les détails d'un rôle ; il avait un naturel qui allait jusqu'au familier, même dans le tragique, sans par là en dégrader la majesté. Il n'était pas moins supérieur dans le comique ; je lui ai vu jouer divinement les rôles du Misanthrope, d'Arnolphe et de Simon dans *L'Andrienne* ; il avait une si grande vérité dans son jeu et tant de naturel, qu'il vous faisait oublier toujours le comédien, et il portait l'illusion jusqu'à faire imaginer que l'action qui se passait devant vous était réelle. Il ne déclamait jamais, pas même dans le plus grand tragique, et il rompait la mesure des vers de telle sorte que l'on ne sentait point l'insupportable monotonie du vers alexandrin. [...] Il ne rendait jamais le vers, mais la situation, mais le sentiment ; il faisait de si longues pauses, et jouait si lentement que le spectacle durait une demi-heure de plus, quand il y avait un rôle. En sortant de la coulisse, il s'animait et parlait bas à lui seul, ou à celui avec qui il entrait sur la scène, et par ce moyen il paraissait en action dès le premier vers qu'il disait. Il aimait la pompe théâtrale, et quand il jouait quelque rôle d'empereur ou de roi il se faisait toujours précéder de huit ou dix gagistes, habillés à la romaine. Je me souviens, à propos de cela, que représentant le grand prêtre dans *Athalie*, des gagistes qu'il avait fait habiller en lévites ne se présentant pas assez tôt pour un jeu de théâtre nécessaire, il cria tout haut : *Un lévite ! un lévite ! Comment, par la mordieu, pas un b... de lévite !* Ceux qui étaient sur le théâtre

précurseur d'un jeu naturel, à la fois intelligent et sensible, rompant avec les artifices de la déclamation emphatique qui avait triomphé à la fin du XVIIe siècle :

> L'art ne fit que s'éloigner de plus en plus de la nature, jusqu'à ce qu'un homme extraordinaire osât tout à coup l'y ramener : ce fut Baron, l'élève de Molière, et l'instituteur de la belle *déclamation*. C'est son exemple qui va fonder nos principes ; et nous n'avons qu'une réponse à faire aux partisans de la *déclamation* emphatique : *Baron parlait en déclamant*, ou plutôt *en récitant*, pour parler le langage de Baron lui-même : car il était blessé du seul mot de *déclamation*. Il imaginait avec chaleur, il concevait avec finesse, il se pénétrait de tout. L'enthousiasme de son art montait les ressorts de son âme au ton des sentiments qu'il avait à exprimer. Il paraissait : on oubliait l'acteur et le poète : la beauté majestueuse de son action et de ses traits répandait l'illusion et l'intérêt. Il parlait : c'était Mithridate ou César ; ni ton, ni geste, ni mouvement qui ne fût celui de la nature. Quelquefois familier, mais toujours vrai, il pensait qu'un roi, dans son cabinet, ne devait point être ce qu'on appelle un *héros de théâtre*.[1]
>
> La *déclamation* de Baron causa une surprise mêlée de ravissement : on reconnut la perfection de l'art, la simplicité et la noblesse réunies ; un jeu tranquille sans froideur, un jeu véhément, impétueux avec décence ; des nuances infinies, sans que l'intention de les marquer se fît sentir. Ce prodige fit oublier tout ce qui l'avait précédé, et fut le digne modèle de tout ce qui devait le suivre.

Baron auteur ?

Si Baron eut moins de succès comme dramaturge que comme acteur, il s'attira aussi, en quelque sorte, des commentaires plus consensuels : ses contemporains s'accordèrent presque tous à relever les faiblesses de son théâtre et à lui en contester la paternité. Baron a pourtant donné sous son nom dix pièces de théâtre, toutes créées à la Comédie-Française : huit comédies de mœurs ou de caractère, le plus souvent en prose, écrites entre 1685 et 1689, puis deux adaptations de Térence, en cinq actes et en vers, créées peu après sa première retraite, en 1703 et 1705. Voltaire, qui admire l'acteur, lui consacre une entrée dans son « Catalogue alphabétique de la plupart des écrivains français qui ont paru dans le siècle de Louis XIV », mais c'est pour noter que les pièces qu'il donna ne sont pas de lui ;[2] Léris note que Baron n'est probablement qu'un

---

l'entendirent et rirent de tout leur cœur de sa colère d'enthousiaste. Il était fanatique de son métier, et c'est un grand point pour y réussir. » (Collé, *Journal et Mémoires*, I, p. 139-40.)

1. Jean François Marmontel, « Déclamation théâtrale », *Éléments de littérature* [1787], éd. Sophie Le Ménahèze (Paris : Desjonquères, 2005), p. 339-40.
2. Voltaire, « Catalogue alphabétique de la plupart des écrivains français qui ont paru dans le siècle de Louis XIV », *Le Siècle de Louis XIV*, p. 1136.

« prête-nom » ;[1] et d'Allainval rapporte que « *L'Andrienne* et *Les Adelphes* de Térence, habillés à la française, ont toujours passé pour être du Père La Rue »,[2] et que Baron aurait même payé 500 écus à l'auteur véritable de *L'Homme à bonne fortune* pour pouvoir donner la pièce sous son nom.[3]

Nous ne sommes pas en mesure de trancher, mais les doutes sur l'identité de l'auteur ne doivent pas empêcher de redécouvrir cette œuvre. Trois remarques peuvent toutefois être faites à ce sujet. Il faut noter, en premier lieu, que ces suspicions sont propres à la condition des comédiens-dramaturges ;[4] les mêmes doutes ont atteint les compagnons de Baron que sont Dancourt, Champmeslé ou La Thuillerie.[5] En effet, comme l'expose Chappuzeau dans son *Théâtre français*, le principal mérite des comédiens-dramaturges est de savoir être *utiles* à leur troupe,[6] de lui fournir des ouvrages quand elle manque de nouveautés et de lui prêter les services d'une plume aisément corvéable. En tant que « fournisseurs » de pièces, les comédiens-dramaturges sont souvent amenés à développer des pratiques d'écriture qui nuisent à leur qualité d'auteur : ils interviennent sur les pièces d'auteurs extérieurs à la compagnie pour les remanier ou les co-écrire, ou servent de prête-nom à certains auteurs qui ne souhaitent pas s'exposer.

Ajoutons que quelques voix se sont élevées pour créditer l'autorité de Baron. Les frères Parfaict s'attachent, pour critiquer son œuvre, à repérer des traits d'écriture propres à cet auteur, notamment son manque de talent pour la conduite des pièces. Ils notent à propos de *La Coquette et la fausse prude*, dont ils jugent le dénouement défectueux, que « c'est le défaut ordinaire de Monsieur Baron ».[7] Au sujet du *Jaloux*, ils considèrent qu'il « est superflu de parler du plan » puisque l'on sait que « Monsieur Baron était très faible dans cette partie de la poésie dramatique » et que même « ses meilleures pièces manquent par le peu de conduite et de liaison des scènes ».[8] Le Marquis d'Argenson signale quant à lui que, si l'on accuse Baron « de n'avoir jamais fait aucune des pièces de son

---

1. Antoine de Léris, *Dictionnaire portatif, historique et littéraire des théâtres* (Paris : Jombert, 1763), p. 505. La même opinion est portée par Maupoint, *Bibliothèque des théâtres* (Paris : Prault, 1733), p. 110.
2. *Lettre à Mylord*** sur Baron et la Demoiselle Le Couvreur*, p. 223.
3. *Ibid.*
4. Voir notre article « Le théâtre mineur d'une institution majeure : la production des comédiens-poètes à la Comédie-Française (1680-1743) », *in Écrire en mineur au XVIIIe siècle*, éd. Christelle Bahier-Porte et Régine Jomand-Baudry (Paris : Desjonquères, 2009), p. 346-73.
5. *Ibid.*, p. 353.
6. Voir Samuel Chappuzeau, « Avantages d'une troupe qui fournit au besoin des ouvrages de son cru » (livre second, chapitre X), *Le Théâtre français* [1674], éd. C.J. Gossip (Tübingen : Gunter Narr Verlag, 2009), p. 98.
7. Parfaict, *Histoire du théâtre français*, XIII, p. 35.
8. *Ibid.*, p. 61.

théâtre », on peut cependant déceler une cohérence dans son œuvre, autant par ses qualités que par ses défauts :

> [...] on y trouve de la suite et de l'analogie, les progrès d'un auteur qui se perfectionne, les mêmes vues, de l'usage du monde et du théâtre. Il semble avoir servi de modèle à Dancourt, surtout dans le dialogue coupé ; il remplit le théâtre d'acteurs nombreux, ce qui y donne du brillant ; l'action est vive, il y a du mouvement et du jeu de théâtre, peu ou point de beautés de détail, nulle philosophie [...], peu de comique, une raison juste et d'homme du monde, plus de pratique que d'étude.[1]

« Plus de pratique que d'étude » : cette dernière formule laisse à penser que l'œuvre de Baron aurait, pour ainsi dire, les défauts de ses qualités, liés principalement à la double compétence de l'acteur dramaturge. Grâce à son expérience de la scène, Baron saurait donner du brillant et de la vivacité à des pièces pleines de jeux de théâtre ; mais pour cette même raison, son œuvre pêcherait par une certaine désinvolture dans la composition et trop de superficialité dans le comique.

Il faut enfin rappeler que Baron s'est défendu des accusations qui lui étaient faites en adoptant un *ethos* auctorial. Non seulement, selon un usage fréquent, il publie ses pièces sous son nom dans les mois qui suivent leur création,[2] mais il fait encore précéder certaines d'entre elles de péritextes où il revendique sa position d'auteur. Dans la préface de *L'Homme à bonne fortune*, il s'adresse à « Messieurs les auteurs [ses] confrères », et dans l'adresse au lecteur qu'il place à la tête de *L'Andrienne*, il prend la peine de répondre à ceux qui l'accusent de ne pas l'avoir écrite :

> J'aurais ici un beau champ pour me plaindre de l'injustice qu'on m'a voulu faire. Je tâcherai d'imiter encore Térence, et je ne répondrai à mes envieux, que ce qu'il répondit aux calomniateurs qui l'accusaient de ne prêter que son nom aux ouvrages des autres. Il disait qu'on lui faisait beaucoup d'honneur, de le mettre en commerce avec des personnes qui s'attiraient l'estime et le respect de tout le monde. Je dirai donc la même chose aujourd'hui : trop heureux en effet, d'éprouver en quelque façon le sort d'un si grand homme.[3]

S'il se réclame ici de Térence, c'est plus souvent le modèle de Molière que Baron convoque pour façonner son image d'auteur. Il le fait dès le prologue du *Rendez-vous des Tuileries*, la première pièce qu'il donne au public : en y proposant une réécriture de *L'Impromptu de Versailles*, il se pose en successeur de son illustre

---

1. René-Louis de Voyer, Marquis d'Argenson, *Notices sur les œuvres de théâtre*, éd. Henri Lagrave, *SVEC*, 42-43 (1966), p. 101-02.
2. À l'exception du *Jaloux*, comédie créée en 1687 mais qui n'est publiée pour la première fois que de façon posthume, dans l'édition de son théâtre complet en 1736, et de trois pièces non imprimées et perdues, toutes trois créées en 1689 : *Les Fontanges maltraitées ou les vapeurs*, *La Répétition* et *Le Débauché*.
3. « Au lecteur », *L'Andrienne*, in *Théâtre de Monsieur Baron*, II, p. 4-5.

maître. Du reste, Baron acteur et dramaturge se félicitait dans la vie d'avoir choisi la même voie que Molière, se vantant, d'après l'auteur anonyme des *Amusements de la Hollande*, de n'être pas seulement « un comédien qui n'a pour tout mérite que sa mémoire et sa déclamation » mais aussi « un auteur qui sait puiser ses gestes et ses tons dans la nature même, qui sait en cas de besoin être aussi bon auteur qu'habile comédien, [...] en un mot qui, en marchant sur les traces de Molière, sait mériter une place parmi les grands hommes de son temps ».[1]

Toujours est-il que Baron auteur n'a pas la même longévité que Baron comédien, ce qui le distingue de son modèle. Les pièces qu'il donne au théâtre — qu'il en soit ou non l'auteur, qu'il les ait écrites seul ou en collaboration — ont pourtant presque toutes connu un succès honorable, à l'exception de la dernière d'entre elles, *Les Adelphes ou l'école des pères* (1705), qui n'est jouée que sept fois. De façon étonnante, certaines de ses pièces ne sont pas maintenues au répertoire malgré un bel accueil initial : c'est le cas du *Jaloux*, de *La Répétition* et du *Débauché* (ces deux dernières, jamais imprimées, sont perdues). Baron connaît toutefois quelques succès considérables, au premier rang desquels *L'Homme à bonne fortune* : la pièce, créée en 1686, est jouée 23 fois dans sa nouveauté et maintenue au répertoire jusqu'en 1835, après avoir été représentée plus de 500 fois.[2] À en croire la part d'auteur que Baron touche pour cette pièce, c'est aussi le premier succès de la décennie,[3] suivi par *La Coquette et la fausse prude* du même auteur.

Création et réception du *Rendez-vous des Tuileries*

Avec *Le Rendez-vous des Tuileries ou le Coquet trompé*, Baron fait ses premiers pas d'auteur, en collaboration avec le musicien Charpentier. La pièce en trois actes et en prose, précédée d'un prologue et ornée de divertissements, est créée à la Comédie-Française, Hôtel de Guénégaud, le 3 mars 1685. Avec ce premier coup d'essai, Baron ne rencontre pas encore le succès qu'il connaîtra l'année suivante pour *L'Homme à bonne fortune*, mais la pièce est donnée dix fois dans sa nouveauté et la part d'auteur s'élève à 680 francs.[4] Elle n'est jouée au double que lors des trois premières représentations : les places de première catégorie, vendues à 5 livres 10 sols comme cela figure sur la feuille de registre reproduite ci-après, passeront à 3 livres dès le 12 mars 1685. Toutefois, selon les frères Parfaict, « le public et l'auteur ont dû avoir été satisfaits d'un pareil

---

1. *Les Amusements de la Hollande*, p. 77.
2. 524 représentations d'après Henry Carrington Lancaster, *A History of French Dramatic Literature in the Seventeenth Century*, 9 vol. (Baltimore : John Hopkins Press, 1929-1942), IV, p. 571.
3. 2675 francs, selon Lancaster, *History of French Dramatic Literature*, IV, p. 598.
4. Cette somme (en francs) est citée d'après Lancaster, *History of French Dramatic Literature*, IV, p. 598.

Aujourd'huy Samedy 3.e jour de Mars — 1685.

Au Rendez Vous des Tuilleries. p. representation

Theâtre Quatre Vingt cinq billets a 5tt:10s	467tt:10s
Premieres Loges Quarante billets a 5tt:10s	220:
Amphithéâtre Loges Louées	110tt
Secondes Loges Quatre Vingt neuf billets a 3tt	267tt:
Troisiémes Loges Seize billets a 30s	24tt:
Parterre Deux cent trente Vn billets a 30s	346tt:10s
Reçu en tout	1435tt

Plus reçu aprés le compte cy dessus
Au 6.tt 14.tt par Madame de Bouillon quil faut mettre en despence — 44tt:

Frais ordinaires	59tt
Pensions, Loyers & Iettons	45tt:
Feu & Chandelle des Acteurs	7 6s 6d
Frais extraordinaires de la piéce	1tt
Parts d'auteur chacune de 61tt Font	122tt:
Retire pour le Voyage fait a Versailles	11 8s 6d

Sur 24 et trois quarts PART Trente neuf Livres ... 965tt: 5s.

Resté és mains de Mr. Cauerot Sur les frais Extraordinaires de la piéce ... 180tt:

Despence 1435tt:

Registre comptable de la Comédie-Française, samedi 3 mars 1685.
© Comédie-Française / photo. Angèle Dequier.

début ».[1] Maintenu au répertoire jusqu'en 1687, *Le Rendez-vous* est joué en tout 18 fois à la ville, à quoi s'ajoutent plusieurs représentations à la cour : à Versailles le 17 mars 1685, le 10 juillet suivant à Saint-Cloud pour Monsieur, frère unique du roi, et à Anet à la fin de l'été 1687.[2]

La pièce est d'abord jouée seule. Il est rare qu'une comédie en trois actes occupe ainsi la totalité d'une soirée théâtrale, mais la présence du prologue, d'une longueur inhabituelle, ainsi que des divertissements devaient lui donner la longueur d'une pièce en cinq actes. Pour les reprises, à partir du mois de juillet 1685, elle est souvent suivie d'une petite pièce, comme il est de coutume à la Comédie-Française : *Le Cocher supposé* de Hauteroche ou *Le Notaire obligeant* de Dancourt l'accompagnent en 1685, *Les Enlèvements* de Baron en 1686, et *Le Niais de Sologne* de Raisin en 1687. Toutes ces pièces comptent un acte sauf *Le Notaire obligeant* qui en compte trois ainsi que des intermèdes et un prologue. Cette particularité autorise à penser que *Le Rendez-vous des Tuileries* a pu être raccourci après sa création, probablement par la suppression du prologue, voire des morceaux de musique instrumentale. La pratique était courante : de la même manière, *Les Folies amoureuses* de Regnard seront amputées du prologue et des divertissements, les frères Parfaict expliquant à ce sujet que ces morceaux superflus n'étaient là que pour permettre à l'ensemble de « remplir l'espace d'un spectacle ordinaire ».[3] L'hypothèse de la suppression du prologue est confortée par le fait que Poisson, qui y joue son propre rôle, prend sa retraite en avril 1685, après les dix premières représentations.

Distribution

Nous ignorons quelle fut la distribution exacte de la pièce à sa création. Les registres de la Comédie-Française fournissent la liste des comédiens qui partent la jouer à Versailles puis à Saint-Cloud et Anet, mais ces listes, qui peuvent évidemment donner des indices sur la distribution, varient d'un lieu à l'autre.[4] Onze acteurs et cinq actrices se rendent à Versailles le 17 mars 1685,[5] accompagnés de deux gagistes : Mademoiselle Fréville (musicienne et danseuse) et un joueur de clavecin.[6] À Saint-Cloud puis à Anet, ce sont dix comédiens et six

---

1. Parfaict, *Histoire du théâtre français*, XII, p. 463.
2. Voir les Registres journaliers conservés à la Bibliothèque-Musée de la Comédie-Française : les comédiens ont reçu 200 écus pour avoir joué à Saint-Cloud (Registre 17, f° 88 v°) et 258 livres pour leur séjour à Anet (Registre 19, f° 139 v°).
3. Parfaict, *Histoire du théâtre français*, XIV, p. 322.
4. Le *Répertoire des comédies françaises qui se peuvent jouer en 1685* (BN, ms f. fr. 2509), qui rend compte de la distribution de la plupart des pièces jouées à la Cour, n'indique pas celle du *Rendez-vous des Tuileries*.
5. Messieurs Baron, Raisin l'aîné (Jacques) et Raisin cadet (Jean-Baptiste), Beauval, La Thorillière, Guérin, Poisson, Rosimont, Lagrange, Villiers et Hubert ; et Mesdemoiselles Raisin, Dancourt, Beauval, Bertrand et Baron.
6. Registre 1684-1685, n° 16, f° 325.

comédiennes qui font le voyage, apparemment sans gagiste.¹ Autrement dit, cinq à six comédiennes font le voyage alors que la pièce ne compte, avec le prologue, que quatre rôles féminins ; tandis que chez les hommes, seuls neuf à dix comédiens se déplacent quand la pièce compte dix-sept rôles masculins. Il est étonnant de remarquer, en outre, que les acteurs qui jouent sous leur propre nom dans le prologue ne figurent pas tous dans ces listes.² Ce constat peut conforter l'hypothèse selon laquelle le prologue était optionnel : prenant tout son sens dans le contexte d'une création parisienne, il n'était probablement pas joué hors des murs de la Comédie-Française, ou en tout cas pas sous la forme que nous lui connaissons (la présence de Mademoiselle Fréville à la cour laisse pourtant supposer que le rôle chantant de la Bergère était conservé, d'une façon ou d'une autre, à la cour).

En faisant l'hypothèse que le prologue que nous connaissons n'a pas été joué à la cour, nous ferons donc quelques propositions concernant la distribution probable de la pièce. Chez les femmes, trois comédiennes sont invariablement du voyage : les demoiselles Raisin, Dancourt et Beauval. Sachant que les quatre rôles de la pièce peuvent être interprétés par seulement trois comédiennes puisque Du Laurier n'apparaît jamais en même temps que Madame Argante, on peut supposer que ces trois comédiennes interprétaient tous les rôles féminins, et que les autres étaient envoyées comme doublure. Dans ce cas, Du Laurier et le petit rôle de Madame Argante étaient probablement incarnés par La Beauval³ qui, âgée de 37 ans, était réputée pour les rôles comiques de soubrette et qui allait s'illustrer l'année suivante dans la Marton de *L'Homme à bonne fortune*.⁴ La demoiselle Raisin⁵ (épouse de Raisin Cadet) et la Dancourt⁶ (fille de La Thorillière et épouse de Florent Carton) se seraient alors partagé les rôles de la Comtesse et de la Marquise. Toutes deux âgées d'à peine plus de vingt ans,

1. À Saint-Cloud, on retrouve chez les hommes : Baron, Villiers, les deux Raisin, Beauval, La Thorillière, Guérin, Rosimont, Lagrange et Villiers. Poisson et Hubert ne sont plus du voyage, mais Rochemore s'y ajoute. Chez les femmes, on retrouve les desmoiselles Raisin, Dancourt, Beauval et Baron. La demoiselle Bertrand n'est plus du voyage auquel s'ajoutent les demoiselles Durieu et Poisson. À Anet, la distribution change encore légèrement. Chez les hommes, on compte, comme à Versailles, Baron, les deux Raisin, Guérin, Lagrange, La Thorillière et Beauval, mais Poisson, Rosimont, Villiers et Hubert ne sont plus du voyage, auquel s'ajoutent Champmeslé, La Thuillerie ainsi que le fils de Baron (Étienne-Michel, âgé de 11 ans). Chez les femmes, on retrouve la Raisin, la Beauval et la Dancourt. Les demoiselles Bertrand et Baron ne sont plus du voyage, auquel s'ajoutent les demoiselles Champmeslé, Lagrange et Poisson.
2. Il manque La Thuillerie à Versailles et à Saint-Cloud. Poisson, qui a pris sa retraite, ne se rend ni à Saint-Cloud, ni à Anet.
3. Sur la demoiselle Beauval, voir Lyonnet, *Dictionnaire des comédiens français*, I, p. 116–18.
4. La distribution de *L'Homme à bonne fortune* est notamment rapportée dans Parfaict, *Histoire du théâtre français*, XIII, p. 6.
5. Sur la Raisin, voir Lyonnet, *Dictionnaire des comédiens français*, II, p. 579–80.
6. Sur la Dancourt, voir Lyonnet, *Dictionnaire des comédiens français*, I, p. 423.

elles étaient en effet connues pour leur beauté et habituées aux rôles d'amoureuse. Sachant que la demoiselle Dancourt fut choisie en 1686 pour incarner la vengeresse Araminte de *L'Homme à bonne fortune*, on peut penser qu'elle s'était illustrée l'année précédente dans un rôle du même registre, celui de l'intraitable Marquise. Pour ce qui est de Mademoiselle Raisin, retenue l'année suivante pour jouer la douce Lucinde, il est probable qu'elle ait incarné le personnage plus amène de la Comtesse.

Concernant les rôles masculins, il faut là encore supposer qu'un même acteur incarne plusieurs personnages. *Le Rendez-vous des Tuileries* comporte en effet plusieurs rôles secondaires et quelques rôles épisodiques très courts.[1] Aucune scène ne compte plus de sept rôles masculins à la fois.[2] Les registres révèlent que sept acteurs participent systématiquement aux voyages à la cour, ce qui incite à penser qu'ils prenaient en charge l'intégralité des rôles de la pièce : Baron, les deux Raisin et La Thorillière, tous les quatre âgés d'une trentaine d'années, ainsi que Beauval, Guérin et Lagrange, qui appartiennent à la génération précédente. À quoi il faut ajouter Poisson, qui participe au voyage à Versailles, et dont on sait qu'il avait un rôle à la ville, puisqu'une feuille d'assemblée précise, à la suite de son départ à la retraite, que son personnage est repris par Desmarres (qui ne participe pourtant pas aux voyages suivants à la cour). Nous savons encore avec certitude, grâce à la feuille d'assemblée du 6 décembre 1686 mentionnant le « répertoire des rôles de M. de Rosimond », que ce dernier y jouait La Violette et le Suisse (il participe aussi, de fait, aux deux premiers voyages à la cour). Pour le reste, il est difficile de faire plus de conjectures. La distribution de *L'Homme à bonne fortune*, l'année suivante, peut toutefois autoriser quelques suppositions : Baron y jouait le rôle-titre (Moncade), Raisin l'aîné, habitué aux rôles d'amoureux de comédie,[3] incarnait Éraste, et Raisin cadet interprétait Pasquin. Il est probable que les rôles aient été répartis de façon similaire pour *Le Rendez-vous* : Baron et Raisin l'aîné auraient joué les premiers amoureux (Éraste et Dorante) et Raisin cadet le rôle du valet Dumont. Baron aurait pu s'attribuer le rôle-titre, même si celui-ci est étonnamment court (présent dans seulement six scènes). Quant aux acteurs plus âgés, l'un d'entre eux jouait probablement le vieux Vicomte, rôle secondaire dans l'intrigue mais premier rôle par sa présence

---

1. Le Suisse Michaut, La Verdure, La Montagne, La Fleur et le Vendeur d'eau-de-vie n'apparaissent qu'aux scènes 1 et 2 de l'acte I, et Darcy ne fait que deux apparitions (acte I, scènes 2 et 9). Les six comédiens ainsi réunis au début de la pièce peuvent ensuite assurer des rôles secondaires ainsi que les rôles épisodiques qui interviennent plus tard dans la pièce, notamment ceux des laquais Picard et La Violette, des joueurs (le Marquis de Messin, le Chevalier de Fontevieux, Ardouin et Archambaut), ou encore du maître à danser Benville.
2. À l'exception des rôles muets des « deux joueurs », acte II scène 16. On peut supposer qu'ils n'apparaissent alors pas sur scène ou qu'ils sont pris en charge par des figurants.
3. À propos de Raisin l'aîné, voir Lyonnet, *Dictionnaire des comédiens français*, II, p. 579.

sur scène, juste avant Dorante. Le personnage dansant de Benville pouvait être confié à La Thorillière ou à Raisin l'aîné qui montrent leur talent en la matière dès le prologue. Enfin, le chevalier chantant était probablement incarné par Lagrange ou Guérin qui étaient souvent chargés de ce type de rôle musical.[1]

Dépenses et « mise en scène »

Si les documents d'archives ne permettent pas de connaître plus précisément la distribution, ils délivrent encore quelques informations sur les conditions de représentation. Les notes du mémoire de Mahelot indiquent succinctement : « Theatre est une salle a trois porte un panier de vendeur d'eau de vie garni de verre et de rossoly + dragee » [*sic*].[2] Le panier garni servait pour la première scène de la pièce, et la salle à trois portes figure la salle basse de la maison de la Marquise qui tient lieu de décor. Les comptes de Madame Caverot,[3] consignés dans le registre de la Comédie-Française, sont plus instructifs : ils indiquent les dépenses extraordinaires engagées pour la pièce.[4] On apprend qu'au terme de la septième représentation, ces frais s'élèvent à 684 livres et qu'ils ont permis de payer notamment (outre les peintres, menuisiers ou serruriers) de la toile et du cuir doré ainsi qu'un petit danseur (ou plus probablement son costume). Les comptes précisent encore que messieurs Raisin et La Thorillière ont reçu 34 livres en plus de leur part d'acteur, somme qui peut correspondre à l'achat d'un accessoire, peut-être lié au fait qu'ils dansent à la fin du prologue. On peut supposer que le petit danseur se joignait à eux à ce moment.

La musique : Charpentier et la rivalité avec l'Opéra

Pour la composition de la musique, Marc-Antoine Charpentier touche 110 livres, à quoi s'ajoute en mars 1687 une gratification globale de 115 livres qui rétribue « les ouvrages de musique qu'il a faits pour la troupe ».[5] En effet, si l'œuvre de Charpentier (1643–1704) est faite en grande partie de musique sacrée (il travaille au service des Jésuites à partir de 1688 puis devient maître de musique des enfants à la Sainte Chapelle en 1698), il compose aussi beaucoup pour la

---

1. À ce sujet, voir le doctorat en cours d'Agnès Vève, sous la direction d'Alain Viala (Paris 3-Sorbonne nouvelle), « Pièces d'agrément : politique spectaculaire de la Comédie-Française (1680–1757) ».
2. *Le Mémoire de Mahelot. Mémoire pour la décoration des pièces qui se représentent par les Comédiens du Roi*, éd. critique par Pierre Pasquier (Paris : Champion, 2005), p. 342.
3. « Madame Caverot avait la haute main sur toute la comptabilité de la Comédie, recevait l'argent, achetait les fournitures, tenait les comptes qui étaient ensuite ratifiés par les Comédiens » (Claude Alasseur, *La Comédie-Française au XVIIIe siècle. Étude économique*, Paris : Mouton & Co, 1967, p. 106–07).
4. Bibliothèque-Musée de la Comédie-Française, Registre n° 16 f° 331 v°.
5. Bibliothèque-Musée de la Comédie-Française, Registre n° 18, f° 320 v°.

scène. Outre la musique d'un opéra (*Médée*, sur un livret de Thomas Corneille, créé à l'Académie royale de musique en 1693) et plusieurs pièces écrites pour les concerts privés de ses protecteurs (notamment Marie de Lorraine, duchesse de Guise), il collabore avec Molière après que celui-ci a rompu avec Lully en 1672. Il écrit ainsi la musique originale de la dernière comédie-ballet de Molière (*Le Malade imaginaire*, 1673) et remplace la musique de Lully pour plusieurs pièces (*Les Fâcheux*, *La Comtesse d'Escarbagnas* ou encore *Le Mariage forcé*). Entre 1680 et 1686, il collabore régulièrement avec les Comédiens Français, soit pour des pièces nouvelles, soit pour réviser d'anciennes partitions lors de reprises.[1]

La partition du *Rendez-vous des Tuileries* mêle des compositions originales de Charpentier et des citations parodiques d'opéras de Lully. La musique originale de Charpentier est entièrement instrumentale : il s'agit d'une chaconne et d'une ouverture, écrites pour cordes à quatre parties. Quant à la musique vocale, qui comprend une chanson (la « Bergerie » qui clôt le prologue, dont nous n'avons pas retrouvé la partition — était-elle de Charpentier ?), elle comporte surtout des extraits d'opéras, tous tirés de l'acte II de la tragédie lyrique de *Proserpine* et chantés par le Chevalier de Fontevieux (acte II, scène 15 et acte III, scène 6).[2] Dès l'édition originale, une didascalie précise que ces passages sont chantés et une typographie italique redouble parfois cette indication. La source de la citation, en revanche, n'est pas mentionnée : l'auteur mise sur la reconnaissance par le spectateur de l'extrait original. Ces passages parodiques rejouent la rivalité du trio amoureux d'Ascalaphe, Aréthuse et Alphée dans l'opéra (de même qu'ils font écho à la rivalité des bergers pour obtenir le cœur de la bergère à la fin du prologue), mais ils la transposent dans le contexte de l'aristocratie fin-de-règne du *Rendez-vous*. Les paroles du livret de Quinault ne sont pas modifiées mais s'adaptent au contexte peu héroïque de la pièce de Baron. Le jeune courtisan extravagant reprend successivement les rôles d'Alphée et d'Ascalaphe qui souffrent d'amours crues non partagées (à tort ou à raison), pour se livrer à une grandiloquente « déclaration en musique » : il déplore de se voir préférer le Marquis son compagnon, puis déclare sa flamme à la Marquise (acte II) avant de réapparaître une dernière fois, à l'acte III, pour prendre congé.

1. Il écrit notamment la musique des pièces suivantes : *Les Fous divertissants* (Raymond Poisson, 1680) ; *La Pierre philosophale* (Thomas Corneille et Donneau de Visé, 1681) ; *Andromède* (Pierre Corneille, pour sa reprise en 1682) ; *Psyché* (Pierre Corneille et Molière, pour sa reprise en 1684) ; *Le Rendez-vous des Tuileries* (Baron, 1685) ; *Angélique et Médor* (Dancourt, 1685) ; *Les Amours de Vénus et d'Adonis* (Donneau de Visé, pour sa reprise en 1685) ; et une nouvelle version du *Malade imaginaire*, probablement en 1686. Voir H. Wiley Hitchcock, « Marc-Antoine Charpentier and the Comédie-Française », *Journal of the American Musicological Society*, 24 (2) (1971), p. 255-75.
2. Pour plus de détails, et notamment sur la probable parodie de *Persée* des mêmes Quinault et Lully, voir la notice consacrée à la musique.

Ces citations parodiques prennent tout leur sens dans le contexte institutionnel qui oppose la Comédie-Française à l'Académie royale de musique. Jean-Baptiste Lully avait obtenu du roi, le 14 avril 1672, une ordonnance qui défendait aux différentes troupes de comédiens d'avoir plus de six voix et douze violons, ce qui avait provoqué une brouille entre lui et Molière qui avait dès lors entrepris de collaborer avec Charpentier.[1] Après la mort de Molière, Lully avait obtenu, en avril 1673, une nouvelle restriction à deux voix et six violons. Mais ces ordonnances furent bafouées, ce qui donna lieu à des rappels de la part de l'Académie royale de musique, et à une nouvelle restriction, en mars 1675, qui imposa aux comédiens de choisir leurs deux voix chantantes parmi les membres de la troupe (c'est-à-dire de ne plus avoir recours à des chanteurs extérieurs) et leur interdit les ballets susceptibles de rivaliser avec la pompe de l'Opéra. La multiplication des actes légaux menés par l'Académie royale de musique au cours des années suivantes est un indice implicite de la violation récurrente de cette ordonnance de 1675, qui est réitérée en juillet 1682 puis en août 1684, peu de temps, donc, avant la création du *Rendez-vous des Tuileries*.

De fait, la pièce joue avec l'interdit : alors même que le personnage de Baron rappelle dans le prologue, en guise de *captatio*, la contrainte qui pèse sur la Comédie-Française (« il y a longtemps que l'on sait qu'il nous est défendu de savoir chanter ni danser »), la mise en scène recourt à un petit danseur et à une gagiste, Mademoiselle Fréville, probablement la bergère du prologue, qui participe au voyage à la cour. Dans le corps de la pièce, la référence à l'opéra fait l'objet de quelques critiques stéréotypées, placées dans la bouche de la Comtesse, qui en raille la nouvelle mode et critique l'absence de bon sens et de vraisemblance d'un genre où les héros « parle[nt] de leurs malheurs en chantant ». Ces citations parodiques prennent sens, en outre, dans le contexte de la rivalité entre Charpentier et Lully qui redouble la querelle opposant la Comédie-Française à l'Opéra : Charpentier, en effet, parodie Lully de façon récurrente dans les pièces qu'il livre à la Comédie-Française, non seulement dans le *Rendez-vous des Tuileries*, mais aussi, la même année, dans *Angélique et Médor* de Dancourt et, cinq ans plus tôt, dans *Les Fous divertissants* de Poisson.[2] Il est à croire que le compositeur de la pièce avait quelques comptes à régler avec le détenteur du privilège de l'Académie royale de musique qui protégeait jalousement sa position.

Le rapport de force qui oppose l'Académie royale de musique à la Comédie-Française est, en effet, défavorable à cette dernière. Les restrictions qui pèsent sur

---

1. Sur cette question, voir notamment Jules Bonnassies, *La Musique à la Comédie-Française* (Paris : Baur, 1874).
2. Voir à ce sujet l'article de Judith le Blanc, « Parodies d'opéras et coexistence des musiques de Lully et Charpentier sur la scène de la Comédie-Française », *Bulletin Charpentier*, 2 (2009), p. 3–14.

les Comédiens ainsi que le succès de l'opéra comme genre participent de la crise que traverse dès sa création le théâtre des Comédiens du roi. Baron fait de cette crise l'un des sujets centraux de son prologue, réécriture en demi-teinte de *L'Impromptu de Versailles* de Molière, afin de mieux s'attirer l'indulgence du public.

Notice sur le prologue

Retour sur l'histoire d'un genre

Le prologue dramatique qui précède le *Rendez-vous des Tuileries* est un lever de rideau, indépendant de la fiction principale, qui traite d'un sujet métathéâtral : il parle *de* théâtre *au* théâtre. Cette pièce liminaire est le premier prologue métathéâtral à être créé sur la scène de la Comédie-Française, après quoi une soixantaine de prologues dans le même goût y seront représentés jusque dans les années 1750. La mode du prologue dramatique touchera en outre toutes les scènes du théâtre parlé.[1] Baron fait donc figure de précurseur.

Dans la *Poétique* d'Aristote, le « prologue » désigne tout ce qui précède la première entrée du chœur : il correspond à la première partie de la pièce, dont la fonction est d'exposition.[2] Il prend habituellement chez les Grecs la forme d'une scène dialoguée (chez Eschyle et Sophocle), monologuée (chez Euripide) ou d'une adresse au public (parfois chez Aristophane). Baron ne s'inscrit pas dans cet héritage grec puisque son prologue ne fait pas office d'exposition au *Rendez-vous des Tuileries*. L'auteur renoue, en revanche, avec les comiques latins, chez qui le lien entre la pièce liminaire et la fiction principale est très distendu. Chez Plaute, le prologue aborde généralement des questions liées à l'actualité et n'est pas indispensable à la compréhension de la pièce, même s'il renferme souvent un sommaire de l'action. Chez Térence, que Baron connaît très bien et dont il revendique l'héritage à plusieurs égards,[3] le prologue devient un lieu privilégié de polémique où l'auteur combat ses adversaires pour s'attirer les suffrages du public.

Si Baron renoue avec les Latins, il s'inspire aussi de quelques pièces plus récentes. On pourrait noter que, dans les années 1680, les prologues sont

---

1. Je me permets de renvoyer à mon travail de doctorat, à paraître aux éditions Garnier, « Les Miroirs de Thalie. Le Théâtre sur le théâtre et la Comédie-Française » (thèse soutenue en 2009 à Paris 3-Sorbonne nouvelle, sous la direction d'Alain Viala).
2. Sur l'histoire du prologue dramatique comme genre, voir l'entrée qui y est consacrée dans l'*Enciclopedia dello spettacolo*, 9 vol. (Rome : Casa Editrice Le Maschere, 1954-1962), VIII, 526-34. Je me permets également de renvoyer à mon article, « La vogue du prologue dramatique (1680-1760) », à paraître en 2013 dans Florence Boulerie (éd.), *La Médiatisation du littéraire dans l'Europe des XVIIe et XVIIIe siècles*, Tübingen, Narr Verlag, Biblio 17.
3. Voir préface ci-dessus, p. 15.

monnaie courante à l'Académie royale de musique, mais ils y ont presque toujours une fonction apologétique destinée à faire les louanges du roi. Baron ne cultive pas cette veine. Il s'inspire probablement, en revanche, d'au moins deux pièces jouées au cours du XVIIe siècle : *Le Comédien poète* (1673), pièce pour laquelle Montfleury avait écrit un prologue en forme de comédie de comédiens faisant intervenir un poète, trois acteurs et un décorateur de théâtre ; et *L'Ombre de Molière*, pièce créée l'année suivante et pour laquelle Brécourt avait composé un prologue qui faisait dialoguer un spectateur avec l'auteur inavoué de la pièce à suivre. Plus largement, Baron reçoit l'héritage des comédies de comédiens écrites au XVIIe siècle depuis Gougenot et Scudéry.[1] Il imite surtout *L'Impromptu de Versailles* de Molière (1663), dont il reprend une série de répliques (nous y reviendrons), à ceci près que *L'Impromptu* fonctionne de façon autonome alors que le prologue de Baron dépend de la pièce qu'il introduit. On peut supposer qu'il s'inspire encore de *La Critique de l'École des femmes* (1663) du même Molière, même si cette comédie de spectateurs en un acte est destinée à suivre et non à précéder la fiction qu'elle accompagne.

S'il lance une mode sur la scène du Théâtre Français, le prologue du *Rendez-vous des Tuileries* garde pourtant un statut d'exception dans l'histoire du théâtre : c'est le plus long et le plus profus de tous les prologues joués à la Comédie-Française jusqu'à la fin du XVIIIe siècle, aussi bien par son nombre de scènes que par la quantité de personnages qu'il fait intervenir (pas moins de quatorze scènes et autant de personnages).[2] Avec les divertissements musicaux composés par Charpentier, il donne à la pièce de Baron la durée d'une pièce en cinq actes.

L'ampleur de cette pièce liminaire vient du fait qu'elle contient, en quelque sorte, trois prologues en un. Elle s'ouvre par une comédie de comédiens (scènes 1 à 9) qui réinvestit le même scénario topique que *L'Impromptu de Versailles* de Molière : l'heure du début du spectacle approche, mais rien n'est prêt et l'atmosphère est à l'affolement général au moment où le personnage de Baron, ayant appris que sa pièce est menacée d'une cabale, décide qu'il ne veut plus qu'on la joue. Le prologue se poursuit par une comédie de spectateurs (scènes 10 à 12) qui elle-même en contient pour ainsi dire trois. C'est d'abord la scène du Marquis (scène 10), spectateur importun, plagiée de *L'Impromptu de Versailles* ; puis la scène de Philiste qui souhaite placer les dames qui l'accompagnent sans dépenser son argent (scène 11) ; enfin la confrontation

---

1. Voir les pièces de Gougenot et Scudéry, toutes deux intitulées *La Comédie des comédiens*, respectivement créées en 1632 et 1634 à l'Hôtel de Bourgogne, ainsi que *La Comédie sans comédie* de Philippe Quinault (créée au Théâtre du Marais en 1655) ou *La Comédie de la comédie* de Dorimond (créée en 1660 au Jeu de Paume).
2. Pour l'analyse de ce prologue, voir aussi l'article que j'y ai consacré dans « La fabrique des spectacles au miroir des comédies de comédiens. Étude d'une réécriture de *L'Impromptu de Versailles* de Molière », *in La Fabrique du théâtre avant la mise en scène (1650-1880)*, éd. Pierre Frantz et Mara Fazio (Paris : Desjonquères, 2010), p. 82-95. Plusieurs analyses développées ici y sont empruntées.

entre Cléante, spectateur modéré et raisonnable, et le Marquis, cabaleur et mal intentionné (scène 12). Après une brève scène de transition, le prologue se termine par une petite bergerie (scène 14), sans rapport avec le sujet, qui constitue une transition musicale avant le début de la fiction principale. Jouant sur des effets d'accumulation, le prologue du *Rendez-vous* se donne ainsi comme une succession de « numéros » ou de « scènes à faire » qui fonctionnent comme autant de clins d'œil au public, et le conforte dans la représentation d'une réalité connue et commune.

Jeux sur l'illusion et effets de seuil

Le lien entre le prologue et la pièce est ténu. Baron le souligne lui-même quand il fait annoncer à son propre personnage le divertissement qui doit clore le prologue, lequel, dit-il, « ne convient pas au sujet de [sa] pièce ». On pourrait toutefois s'attacher, malgré cette apparente désinvolture, à déceler des liens entre la fiction principale et le lever de rideau. On verrait que la « bergerie », qui contraste singulièrement avec l'univers du *Rendez-vous*, offre une transposition pastorale du comportement de la Marquise et annonce le dénouement de la comédie de mœurs quand la jeune bergère éconduit en musique ses deux prétendants pour éviter de se marier, contrairement à la « jeune Iris » qui figurerait la Comtesse. On pourrait aussi avancer que les figures de spectateurs qui prennent le devant de la scène dans la deuxième moitié du prologue introduisent la tonalité de la comédie à suivre en donnant à voir les mœurs dissolues d'une petite aristocratie décadente. On ajouterait que le prénom de Philiste fait écho à la comédie du *Menteur* de Pierre Corneille, dont le premier acte se déroule aux Tuileries, et que Baron profite ainsi de son prologue pour afficher, outre la référence à Molière, une autre source de son inspiration.

Malgré ces jeux d'échos, la pièce liminaire ne fait en aucun cas office d'exposition. Elle recourt en revanche à d'autres types de mécanismes qui permettent d'introduire la pièce, conduisant le spectateur aux frontières de la fiction. La dimension anecdotique du prologue de Baron en fait toute la saveur. C'est d'abord le tableau des *realia* du théâtre, communes à la troupe et à son public, qui permettent d'instaurer la connivence entre la scène et la salle : heure du début de la représentation (il est dix-sept heures), prix des rares places qui restent libres le jour de la création (quatre louis pour une loge), ambiance dans la salle et derrière le rideau quelques minutes avant le début de la représentation. Le prologue offre notamment des détails piquants sur la vie des comédiens : querelles entre la Beauval et Baron, tensions entre la nouvelle génération de comédiens et l'ancienne incarnée par Poisson, rapport de la troupe avec le pouvoir politique et la personne du roi, ou entre la Comédie-Française et son institution rivale, l'Académie royale de musique. En abordant des questions concernant le choix du répertoire, le jeu des acteurs, la place de la danse et de la musique et, plus généralement, les conflits d'intérêts et enjeux de pouvoir qui se jouent, au propre et au figuré, au sein d'une compagnie qui monte un spectacle, Baron brouille les frontières qui séparent l'espace du public (la salle), celui de la fabrication du spectacle (la coulisse) et celui de sa performance (la scène). Cet effet est renforcé par la présence sur scène de figures emblématiques de la vie de la Comédie-Française parmi les employés du théâtre : La Crosnier et Champagne. La première était véritablement ouvreuse de loges, tandis que le second, sorte de régisseur de théâtre avant l'heure, était chargé de la préparation des décors et de l'allumage des bougies ainsi, semble-t-il d'après le prologue, que de la coordination entre la scène, la salle et le guichet pour décider du moment propice au début de la représentation. On est en droit de penser que ces deux membres du personnel, sollicités aux scènes 1 et 11, se présentaient eux-mêmes sous les yeux du public pour jouer leur propre rôle (qui est muet pour La Crosnier). Autant de procédés qui ont pour effet de faire sourire le public, de favoriser une plus grande familiarité entre la salle et la scène, et d'assurer la transition entre la réalité sociale du théâtre et l'expérience fictionnelle propre à la représentation, qui sont les deux versants de toute expérience théâtrale. Dès l'ouverture du prologue, les rôles de La Crosnier et de Champagne s'apparentent, pour employer une métaphore mécanique, à des « embrayeurs de théâtralité » : ils accompagnent aux frontières de la fiction les spectateurs tout juste installés et enclenchent la tonalité réaliste de la pièce à suivre, contribuant ainsi à capter la bienveillance du public.

Portée rhétorique et publicitaire

Le lever de rideau remplit ainsi la fonction rhétorique topique de tout prologue dramatique, la *captatio benevolentiæ*, ce qui est d'autant plus nécessaire que Baron s'expose pour la première fois comme auteur sous les yeux d'un public qui le connaît déjà bien comme acteur. La même démarche sera souvent adoptée dans les années suivantes par de jeunes auteurs, tels que Dufresny ou encore Gaultier, qui auront recours aux mêmes recettes éprouvées du métathéâtre pour escorter leur première production dramatique.[1] L'argument éculé de l'*excusatio propter infirmitatem* est tout aussi stéréotypé, lorsque Baron feint de dénigrer une pièce qu'il s'estime « malheureux » d'avoir écrite (scène 8), qu'il montre sa troupe comme étant divisée et sans appui, ou qu'il renvoie à son public le reflet peu flatteur d'un Marquis ignare et fat, qui n'est pas sans faire penser au Mascarille des *Précieuses ridicules*. Pour ce qui est de l'image que Baron construit

---

1. Dufresny avec le prologue du *Négligent* et Guérin avec *Myrtil et Mélicerte*. Voir aussi, entre autres, Gaultier avec *Basile et Quitterie*, La Chaussée avec le prologue puis la *Critique* de *La Fausse Antipathie*, ou Voisenon avec *L'Ombre de Molière* et son *Retour*.

de lui-même — auteur velléitaire et compagnon de troupe défaillant — elle relève encore de la même stratégie topique, souvent réinvestie par la suite.[1]

Il faut évidemment être sensible à l'ironie de tels propos puisque c'est bien dans ces effets d'auto-dénigrement que se joue la stratégie publicitaire du prologue de Baron. Celle-ci consiste d'abord à assurer la fonction conative du prologue qui met l'accent sur le destinataire afin d'établir la communication avec lui et d'agir sur son comportement. À une époque où l'on ne fait pas le noir dans la salle au début du spectacle, le lever de rideau offre un espace d'interaction avec le spectateur pour signaler que la pièce commence et assigner à l'auditoire son rôle, qui consiste à écouter en silence. Plutôt que de feindre l'absence du public en faisant « comme s'il n'y avait point de spectateurs » conformément aux préconisations de l'abbé d'Aubignac,[2] le prologue fait paradoxalement « savoir au public qu'on n'ignore pas sa présence, pour mieux l'oublier ensuite ».[3] Le personnage du Marquis importun, caricature outrancière du spectateur inattentif et cabaleur, apparaît à ce titre comme une figure de repoussoir qui aurait pour fonction de purger le spectateur réel de tels excès et de tels ridicules.

Mais la fonction de *publicité* du lever de rideau est à entendre aussi à deux autres niveaux : le prologue *présente* le spectacle à venir (il le rend public) et il en fait la *promotion*. Il fonctionne à cet égard comme un « hors-d'œuvre » qui s'apparente à une tradition qui n'a jamais vu le jour à la Comédie-Française, celle de la parade dramatique. Comme une parade, le prologue délivre, sous une forme dramatisée, quelques informations minimales sur la représentation afin de guider le spectateur et d'en orienter la réception : on apprend que la Beauval tiendra un rôle, que la pièce est de Baron, qu'elle s'intitule *Le Coquet trompé*, qu'elle est en prose et qu'elle sera introduite par une petite Bergerie ainsi que par une danse de Raisin et La Thorillière sans rapport avec le sujet de la pièce. Le prologue apparaît à ce titre d'autant plus nécessaire que le spectacle est morcelé. Il sert à donner du liant, ou plutôt à justifier l'apparente incohérence de l'ensemble : c'est parce que Baron n'est pas prêt pour commencer la représentation qu'il faut que ses camarades dansent ce qu'ils avaient préparé pour une autre pièce nouvelle qui n'a finalement pas été jouée. Le prologue a ainsi pour fonction

---

1. On pense notamment au prologue des *Folies amoureuses* de Regnard (1704) qui donne à voir un dramaturge décidé à retirer sa pièce menacée de cabale, ou aux *Sifflets* (prologue du *Grondeur*, pièce créée en 1691). Voir aussi le prologue des *Chinois*, de Regnard et Dufresny (1692).
2. « Tout ce qui paraît affecté en faveur des spectateurs est vicieux » expose l'abbé d'Aubignac dans le Livre I, chapitre 4 (« Des spectateurs et comment le poète doit les considérer ») de *La Pratique du théâtre, ouvrage très nécessaire à ceux qui veulent s'appliquer à la composition des poèmes dramatiques, qui les récitent en public, ou qui prennent plaisir d'en voir les représentations* [1657], éd. Hélène Baby (Paris : Honoré Champion, 2011), p. 81–82.
3. Georges Forestier, *Le Théâtre dans le théâtre* (Genève : Droz, 1996), p. 179.

d'anticiper les réserves du public et de désamorcer ses critiques, notamment lorsqu'il fait indirectement allusion au privilège de l'Académie royale de musique et rappelle les contraintes qui pèsent sur une troupe à qui le pouvoir politique interdit de « savoir chanter ni danser » (scène 9). Mais il vise surtout à mettre le public en haleine en insistant sur les plaisirs les plus susceptibles de provoquer son attente : la danse, la musique, mais aussi les têtes d'affiche. Le prologue offre ainsi une revue de troupe, au sens dramatique et presque militaire du terme puisque la situation est à la crise, afin d'en présenter les meilleurs talents et de les exhiber au seuil du spectacle. On est en droit de penser que les répliques écrites pour l'acteur Poisson, sur le point de prendre sa retraite, sont là pour rappeler qu'il a appartenu à une grande génération de comédiens (Floridor, Montfleury, La Fleur) et pour lui permettre de faire ses adieux à la scène. La querelle qui oppose Baron à La Beauval (scènes 4 et 5) est une façon de rendre hommage à l'altière comédienne qui se livre à un spectaculaire morceau de bravoure d'interprétation théâtrale, dans une joute verbale de haute volée. Face à Baron qui, impassible et sarcastique, annonce qu'il a décidé d'annuler la représentation, elle commence par l'insulter, puis elle est prise d'un fou rire avant d'éclater en sanglots. Sa sortie est accompagnée de cette réplique de Baron : « Rire, pleurer et quereller tout ensemble, voilà ce qu'on appelle une bonne comédienne. » Ponctuée par cet hommage, ironique mais non moins réel, la dispute des deux comédiens n'a pas pour seule fonction d'offrir un tableau pittoresque des conflits d'intérêts au sein d'une troupe : sur le mode des parades dramatiques, elle offre un avant-goût apéritif des plaisirs et des talents que le public pourra apprécier lors de la fiction principale.

L'intertextualité : une réécriture dysphorique de L'Impromptu de Versailles

Mais on ne peut mesurer les enjeux de ce prologue sans prendre en compte sa dimension intertextuelle. Baron s'y livre à une réécriture, parfois à une reprise littérale, de *L'Impromptu de Versailles* de Molière, rendant hommage à son maître et prenant la pose en digne héritier de son illustre prédécesseur. Certes, les spectateurs de l'époque n'ont peut-être pas repéré ces citations, qui n'ont pas été relevées par les premiers commentateurs de l'œuvre de Baron,[1] puisque la pièce de Molière, créée en 1663 à Versailles, n'est alors plus jouée (elle n'est pas créée à la Comédie-Française avant le XIXe siècle). Il n'en reste pas moins que Baron connaît parfaitement *L'Impromptu*, imprimé pour la première fois en 1682,[2] et que son geste invite à faire une lecture des deux textes en palimpseste.

---

1. Les frères Parfaict, Antoine de Léris, le Marquis d'Argenson ou Maupoint, par exemple, n'en font pas mention.
2. Dans les *Œuvres de Monsieur de Molière, revues, corrigées et augmentées* (Paris : D. Thierry, C. Barbin et P. Trabouillet, 1682), tome VII (premier tome des *Œuvres posthumes*).

Cette lecture croisée, qui révèle des jeux d'écho et des effets d'écart, est révélatrice des infléchissements qui ont eu lieu dans la vie théâtrale, en l'espace d'une génération, sur le plan politique et esthétique.

L'ouverture du prologue de Baron rejoue celle de *L'Impromptu* en plongeant le spectateur dans la réalité prosaïque des derniers préparatifs du spectacle. Dans un contexte d'impréparation générale, une question se pose, aussi cruciale qu'elle est topique, et qui met au jour les tensions et rivalités d'influence qui travaillent une compagnie de théâtre : jouera-t-on ou ne jouera-t-on pas ? Malgré la similitude du scénario initial, le prologue de Baron inverse le déroulement de la pièce de Molière.

Les premières répliques de la pièce-source montraient Molière interpellant ses compagnons qu'il enrageait de ne pas voir prêts. Par leur vivacité, elles insufflaient un rythme qui donnait à voir l'affolement de la troupe et mettait surtout en valeur l'énergie de son chef. Molière ouvrait son *Impromptu* par une revue de troupe au cours de laquelle il rassemblait autour de lui ses comédiens au complet : il commençait par écouter leurs plaintes de n'avoir pas eu le temps d'apprendre les rôles écrits pour eux en huit jours ; puis, seul face à tous, il finissait par rétablir l'ordre au nom du respect de la volonté du roi.

Dans le prologue du *Rendez-vous*, Baron est d'abord absent, et c'est la Beauval qui s'alarme de voir que rien n'est prêt. Si la colère de la comédienne reproduit l'impatience de Molière, la situation est cette fois encore plus critique : la représentation doit commencer dans moins d'un quart d'heure (il restait « deux heures » aux comédiens de Versailles avant l'arrivée du roi), et la Beauval, seule en scène avec La Thorillière, est impuissante pour faire face à la situation. À son entrée en scène, Baron apparaît comme un homme défaillant : arrivé en retard, il refuse de jouer, veut retirer sa pièce et rembourser les spectateurs. Dénué de toute autorité, il exprime ses ordres en vain et ne s'attire que railleries et contestations. Celui qui n'est plus ni acteur, ni auteur, ni encore moins chef de troupe, est potentiellement le seul responsable de la faillite de l'entreprise commune.

Alors que les comédiens sont dans cet embarras, ils sont interrompus par un importun parasite qui ne fait qu'augmenter la panique (scène 10). Dans cette scène, Baron affiche encore davantage l'héritage de Molière dont il plagie une série de répliques. Là encore, les modifications qu'il fait subir à sa source sont révélatrices de transformations profondes. Dans *L'Impromptu*, après avoir assommé Molière de questions sur la pièce qui allait être jouée, l'importun finissait par lui demander : « C'est le roi qui vous l'a fait faire ? ». À quoi Molière répondait par l'affirmative. Dans le prologue du *Rendez-vous*, Baron reproduit l'échange à l'identique, mais fait disparaître la figure du commanditaire royal en modifiant cette dernière question (« C'est vous qui *l'avez faite* ? »). Tandis que Molière « était agi » par le roi, Baron agit seul et n'écrit qu'en son nom propre.

Si Molière, « image du roi dans le microcosme de son œuvre et de sa troupe »,[1] parvient à rétablir l'ordre dans son *Impromptu*, c'est donc parce que son autorité est créditée par celle du roi, commanditaire et destinataire de la pièce, et unique raison d'être de la troupe. C'est par lui et pour lui que, au moyen de quelque miracle, Molière compte que ses comédiens sauront les rôles qu'ils n'ont pas appris. Et si le roi, en tant que commanditaire, est celui qui a mis la troupe en difficulté en lui imposant des contraintes de temps insurmontables, c'est aussi en tant que tel qu'il dissipera la panique, acceptant finalement, « par une bonté toute particulière », de revenir sur ses ordres, repoussant la création de la pièce nouvelle et autorisant les comédiens à jouer ce qui leur conviendra. Molière est donc ainsi sauvé par une grâce royale qui, toute divine, lui « redonne la vie » (scène 11) : ses comédiens n'auront pas à improviser leur rôle. C'est précisément ce dénouement *in extremis*, intervenant sur le mode d'un *deus ex machina*, qui n'arrive pas dans le prologue du *Rendez-vous des Tuileries*.

Certes, face à la menace de cabale, les acteurs assemblés envisagent de recourir au roi. Mais à peine l'idée est-elle évoquée par La Thuillerie qu'elle est rejetée par Baron : « [...] Il ne faut pas mettre comme cela le roi à tous les jours. [...] Il ne laisse pas que d'y avoir des manières de se plaindre sans faire tant de bruit. » Le roi n'apparaît plus, dès lors, ni comme commanditaire, ni comme destinataire. Au mieux n'est-il plus qu'un recours juridique possible qui ne doit être convoqué que dans les situations les plus extrêmes. Il faut relever l'ironie probable d'un tel propos : depuis l'année 1684, en effet, le roi avait délégué le soin des Comédies Française et Italienne à la Dauphine, mais cette délégation, qui avait pour effet d'augmenter l'ingérence de la troupe, était ressentie davantage comme un contrôle accru que comme un soutien effectif.[2]

Le malheur de Baron serait donc une affaire de génération. C'est le sens des répliques qui l'opposent au vieux Crispin, *alias* Raymond Poisson. L'ancien camarade de Molière, qui a fréquenté les meilleurs comédiens de la génération précédente (il cite Floridor, Montfleury ou encore La Fleur), s'offusque du comportement de son jeune camarade, qu'il qualifie de « tout nouveau ». « Se plaindre sans faire tant de bruit » : telle doit être, en 1685, l'attitude des Comédiens Français condamnés, pour épargner les oreilles royales, à s'exposer aux huées et aux sifflets d'un public mal intentionné. Le temps est loin où l'intervention du roi, mécène et soutien du théâtre, pouvait garantir, dans l'ordre et la concorde, le succès des pièces de théâtre.

---

1. Marc Fumaroli, « Microcosme comique et macrocosme solaire : Molière, Louis XIV et *L'Impromptu de Versailles* », *Revue des Sciences Humaines*, 145 (1972), p. 94–114 (p. 107).
2. À la création de la pièce, la Dauphine préparait un nouveau règlement qui serait publié quelques semaines plus tard, ce que Baron n'ignorait sans doute pas en écrivant sa pièce. Ce règlement est notamment cité par les frères Parfaict dans leur *Histoire du théâtre français*, XII, p. 465–71.

Sous la contrainte de ses compagnons, Baron finit par céder. Il accepte que sa pièce soit jouée malgré la menace de cabale, mais pose une condition — au premier coup de sifflet, la représentation sera interrompue — et émet une requête : puisqu'il n'est pas prêt pour prendre son rôle, il faudra un intermède musical et chorégraphié avant le début de la pièce. Baron prie Raisin et La Thorillière de danser une petite chorégraphie qu'ils ont préparée pour une pièce nouvelle qui n'a pas été jouée (probablement la chaconne). Et si ce divertissement est sans rapport avec le sujet et que les comédiens n'ont pas les talents nécessaires pour l'interpréter dignement, comme le fait remarquer Raisin, il faudra faire de nécessité vertu. Baron, qui ne s'embarrasse pas de ces détails, avance trois arguments : « La nécessité fait souvent trouver bon ce qui ne serait que médiocre, on ne regardera point ceci comme une affaire préméditée ; et enfin il y a longtemps que l'on sait qu'il nous est défendu de savoir chanter ni danser ». C'est ainsi que se trouve évoquée, sur le mode mineur d'une défaite consentie, la concurrence entre la Comédie-Française et l'Académie royale de musique, c'est-à-dire l'Opéra. Là encore, il faut convoquer la source de *L'Impromptu* pour percevoir l'infléchissement opéré. Molière, gratifié du soutien royal, raillait à plaisir ses concurrents de l'Hôtel de Bourgogne. Au terme de la querelle de *L'École des femmes*, il imprimait avec *L'Impromptu* la marque de sa domination sur le paysage théâtral de son temps. Chez Baron, au contraire, la troupe de la Comédie-Française se montre comme soumise à la domination de ses concurrents, et notamment de l'Académie royale de musique qui, forte de son privilège, est la seule troupe parisienne à pouvoir représenter des pièces lyriques et dignement chorégraphiées. Bien que la loi défende aux Comédiens Français de savoir chanter et danser, la nécessité leur ordonne pourtant de donner ce divertissement, sans rapport avec le sujet, et les condamne à miser, ironie du sort, sur l'indulgence d'un public dont ce n'est pas la première qualité.

À la lumière de *L'Impromptu de Versailles*, le prologue du *Rendez-vous des Tuileries* brosse ainsi un sombre tableau de la situation des Comédiens Français en 1685. À Versailles, le retour attendu d'un ordre rétabli était précisément ce qui autorisait Molière à se livrer à son euphorique *Impromptu*, simulacre d'affolement, truchement par lequel il ne faisait que réaffirmer son autorité de chef de troupe favorisé par le roi et en pleine possession de son art. Chez Baron, l'évanouissement de la figure royale fait entrer la troupe en débâcle et condamne l'auteur inexpérimenté à livrer au public des affaires « non préméditées ».

On a vu que le lever de rideau cultive les effets de réalisme autant que les jeux rhétoriques et les échos intertextuels. Il ne faut donc pas prendre pour argent comptant le propos du prologue. À en croire Baron, toutefois, les Comédiens orphelins, privés du soutien royal, semblent désormais livrés au public arbitraire et terrifiant de la ville, et le théâtre en disgrâce érige en loi nécessaire une esthétique désenchantée de l'improvisation collective.

Notice sur la pièce

Une comédie post-moliéresque ?

Dès le prologue, Baron s'inscrit dans la lignée de son maître Molière et se réclame de son autorité, nous incitant à rechercher les marques de sa filiation. De fait, *Le Rendez-vous* se prête assez bien au jeu de piste des réminiscences intertextuelles. De toute évidence la scène du menuet (II, 12) rappelle la leçon de danse du *Bourgeois gentilhomme* (II, 1), et plusieurs échos aux *Précieuses ridicules* se laissent percevoir dans le prologue. C'est surtout *Le Misanthrope* qui est rappelé à notre mémoire à la lecture de la pièce. Comme Célimène, la Marquise ménage tous ses amants pour finir par n'en retenir aucun, le dénouement la conduisant dans une solitude qui met un terme à la surenchère de coquetterie et au jeu de masques auxquels elle s'est livrée tout au long de la pièce, avec une insensibilité ostensible et une apparente légèreté. Toutefois, contrairement à Célimène qui choisit délibérément sa destinée en refusant de suivre Alceste dans son désert, c'est-à-dire en refusant de renoncer au monde alors qu'elle est dans la fleur de l'âge, la Marquise n'est pas entièrement maîtresse d'un sort qu'elle soumet au comportement de son amant. Le dénouement du *Rendez-vous* est, en effet, le fruit du résultat hasardeux du piège que la jeune veuve tend à Éraste pour éprouver sa fidélité, puis de la lassitude du vieux Vicomte à qui elle s'offre finalement, non sans présumer de son refus. D'une certaine manière, et paradoxalement, la Marquise évoque autant Célimène qu'elle rappelle Alceste : car si elle est tout aussi indépendante et volage que la jeune veuve de Molière qui jouit de sa liberté avec délices, elle souhaiterait, à l'instar du misanthrope, avoir l'assurance d'être aimée absolument et exclusivement, faute de quoi elle préfère renoncer à toute perspective matrimoniale. Face au tempérament plus amène de son amie la Comtesse qui présente des similarités avec Philinte ou Éliante, la Marquise, en proie à la tyrannie de son intransigeance, fait le choix de l'isolement.

Ces réminiscences ne sont certainement pas sans fondement, d'autant que Baron s'est illustré comme acteur dans le rôle d'Alceste dès le lendemain de la mort de Molière et qu'il connaît la pièce par cœur. Elles ne doivent toutefois pas occulter les nombreuses autres sources qui inspirent Baron. Nous ne chercherons pas à les identifier toutes : cette vaine entreprise ne servirait tout au mieux qu'à confirmer ce que l'on sait déjà, à savoir que le comédien-dramaturge est pétri de théâtre et qu'il s'est formé depuis son plus jeune âge à l'école de tous les auteurs de son temps. Nous signalerons seulement, parce que Baron nous invite encore une fois à le faire, qu'il doit peut-être davantage encore aux comédies de Pierre Corneille qu'à celles de Molière. Le titre du *Rendez-vous des Tuileries ou le Coquet trompé*, nomme d'abord le cadre parisien de l'action avant d'annoncer le sujet de l'intrigue amoureuse : s'il s'éloigne ainsi du modèle moliéresque de la comédie de caractère, il renvoie à certaines pièces de Corneille, que l'on songe à *La Galerie du Palais ou l'Amie rivale* (1633), ou à *La Place royale ou l'Amoureux extravagant* (1634). Chez Baron comme chez son modèle cornélien, la référence topographique crée un effet publicitaire (qui vise à attirer au théâtre le beau monde qui fréquente ces lieux de promenade et de sociabilité), tandis que l'annonce du sujet est reléguée dans la seconde partie du titre. Il faut noter toutefois que chez Corneille, l'action se déroule véritablement dans ces lieux parisiens, et que tout porte à croire qu'ils étaient représentés avec une forme de réalisme dans la mise en scène,[1] même s'il avait été reproché à cet auteur, à propos de *La Place royale*, de n'avoir situé l'action de sa pièce dans ce lieu que pour rivaliser avec la pièce de Claveret du même titre, sans qu'aucune nécessité interne à l'intrigue ne justifiât ce choix. Chez Baron, la référence aux Tuileries est encore plus superficielle : l'action se déroule entièrement dans la « salle basse » de la maison de la Marquise et les Tuileries ne sont évoquées que dans le récit fastidieux de Dumont, valet de la Marquise, pour relater le déroulement du piège tendu à Éraste. Il n'en reste pas moins que la démarche de Baron rejoint celle de son prédécesseur : le titre met en exergue un lieu en vogue, espace commun entre les personnages de Baron et le public,[2] et participe d'un effet de *captatio* fondé sur la connivence entre la scène et la salle.

La référence aux Tuileries fait encore écho à d'autres sources intertextuelles par lesquelles Baron se situe dans la lignée de dramaturges qui, depuis une cinquantaine d'années, ont exploité la référence à ce jardin à la mode. De fait, ce jardin à l'italienne destiné à agrémenter le Palais du même nom, construit par Catherine de Médicis en 1563, était très fréquenté depuis les années 1630, au moment où Louis XIII et Richelieu avaient étendu vers l'ouest les fortifications de la ville (ce qui avait pour effet d'y inclure le jardin) et où la construction du Pont-Royal avait permis de relier ce lieu de promenade au nouveau quartier huppé du faubourg Saint-Germain.[3] L'on se souvient que le premier acte du *Menteur* se déroule dans ce jardin, désigné comme le « pays du beau monde et des galanteries » (I, 1). On pense surtout aux pièces qui citent le jardin dans leur titre : *Les Tuileries* de Rayssiguier,[4] ainsi que *La Comédie des Tuileries* co-écrite

---

1. Voir à ce sujet les hypothèses de Jan Clarke sur la mise en scène de *La Place royale*. Elle rapporte que la pièce perdue de Claveret, sous ce même titre, donnait à voir l'actuelle place des Vosges et le pavillon du roi qui s'y trouvait : tout porte à croire, selon elle, que la pièce de Corneille, écrite pour rivaliser avec celle-là, présentait un décor similaire (« L'espace urbain dans la scénographie du dix-septième siècle », *in* Jan Clarke, Pierre Pasquier et Henry Phillips (éds), *La Ville en scène en France et en Europe. 1552-1709*, Oxford : Peter Lang, 2011, p. 137-58, plus particulièrement p. 139).
2. Voir à ce sujet les analyses de Christian Biet, « L'avenir des illusions, ou le théâtre et l'illusion perdue », *Littératures classiques*, 44 (2002), p. 175-214 (p. 177).
3. Voir Clarke, « L'espace urbain dans la scénographie du dix-septième siècle » ; et Marcel Poëte, *Au jardin des Tuileries. L'art du jardin. La promenade publique* (Paris : A. Picard, 1924).
4. Pièce créée en 1635 et publiée à Paris, chez Antoine de Sommaville, en 1636.

par Pierre Corneille, Boisrobert, Colletet, L'Estoile et Rotrou.[1] Lors de la création de cette dernière pièce à la cour, en 1635, pour répondre à une commande de Richelieu, le décor avait fait une grande impression sur le public.[2] Et si le jardin (son labyrinthe, son carré d'eau et sa ménagerie notamment) jouait un rôle actif dans l'intrigue de cette pièce, il permettait surtout de livrer de longues descriptions, allégoriques et idéalisées, qui avaient pour fonction appuyée de faire l'éloge du roi et des œuvres de son ministre[3] — œuvres urbanistiques dont le rayonnement bénéficiait aux œuvres dramatiques, et inversement, dans le faisceau plus vaste de la politique royale. Sur la scène lyrique, c'est dans le même esprit que figure la nymphe des Tuileries dans le prologue d'*Alceste* de Quinault et Lully (1674), pour célébrer les exploits militaires de Louis XIV ainsi que l'accord de l'art et de la nature.

En cette fin du règne de Louis XIV où le pouvoir ne met plus tant d'énergie à promouvoir les arts de la scène qu'à s'efforcer de les contrôler voire de les contraindre, comme le laisse entendre le prologue, *Le Rendez-vous des Tuileries* est bien éloigné de toute fonction encomiastique et ne vise en rien à vanter la grandeur et la beauté d'une ville que le roi a quittée pour Versailles. Et si le fait d'afficher la référence à ses prédécesseurs constitue pour Baron un moyen efficace pour façonner sa légitimité d'auteur, l'examen des effets d'intertextualité rencontre ses limites. Le jardin ne constitue guère dans le *Rendez-vous* que le prétexte commode d'une comédie d'intrigue pour favoriser rencontres et jeux de masques. À l'opposé de toute ambition apologétique, les Tuileries sont abordées tout au mieux comme un cadre propice à la satire de la société à la mode, comme le feront notamment, dans le sillage de Baron, Biancolelli (*La Thèse des dames*, 1695),[4] l'auteur anonyme d'*Arlequin aux Tuileries* (en 1700)[5] ou encore Dufresny, hors de la scène dramatique, dans *Les Amusements sérieux et comiques* (en 1699).[6] Il faut encore citer la pièce de Mongin, *Les Promenades de Paris* (1695),[7] où Colombine enseigne à sa maîtresse le « bel air » des Tuileries au cours

---

1. Pièce créée en 1635 et publiée à Paris, chez Augustin Courbé, en 1638.
2. Voir l'adresse « Au Lecteur », placée au seuil de l'édition de 1638, qui rappelle « avec quelle magnificence [la pièce] a été représentée à la Cour et que ceux qui l'ont vue en ont tous admiré la conduite, et les décorations de théâtre » (*La Comédie des Tuileries. Par les cinq Autheurs*, Paris : Augustin Courbé, 1638, *n. p*).
3. Voir notamment le long monologue, « Aux Tuileries », qui ouvre la pièce.
4. Pièce créée à la Comédie-Italienne en 1695, également attribuée à Brugière de Barante (*Le Théâtre de Gherardi ou Le Recueil général de toutes les comédies et scenes Françoises jouées par les Comédiens Italiens du Roi pendant tout le temps qu'ils ont été au service*, 6 vol. [Paris : Briasson, 1741], Genève : Slatkine Reprints, 1969, VI, p. 1–83).
5. Ces « Quatre satires avec le prologue, l'épilogue, et plusieurs autres épigrammes » sont publiés sans nom d'auteur à Paris, chez Martin et Georges Jouvenel, en 1700.
6. Voir Charles Dufresny, « Les promenades », *Les Amusements sérieux et comiques*, éd. John Dunkley (Exeter : University of Exeter, 1976), p. 16.
7. Pièce crée en 1695 à la Comédie-Italienne et publiée dans *Le Théâtre de Gherardi*, VI, p. 85–152.

d'une leçon d'élégance qui vire à la caricature d'un monde où les apparences sont reines :

> Il faut, comme toutes les belles, ne pas hasarder ici une démarche naturelle. [...] Il faut me parler toujours sans rien dire, pour paraître enjouée ; se redresser à tout moment, pour étaler sa gorge ; ouvrir les yeux, pour les agrandir ; se mordre les lèvres, pour les rougir ; parler de la tête à l'un, de l'éventail à l'autre ; donner une louange à celle-ci, un lardon à celle-là. Enfin, radoucissez-vous, badinez, gesticulez, minaudez, et soutenez tout cela d'un air penché : vous voilà à peindre aux Tuileries (II, 4).[1]

Ces quelques titres, qui laissent entrevoir l'héritage légué par Baron, permettent de saisir la rupture qu'il introduit dans l'exploitation du cadre des Tuileries, support d'une satire des mœurs, dans une pièce qui accorde une place de choix aux attitudes sociales de l'aristocratie fin-de-règne et aborde encore la condition du veuvage ou les jeux de hasard, sans cesser de cultiver des procédés de parodie et de mise à distance de l'illusion dramatique. Autant de motifs qui seront développés par Dancourt, Regnard, Dufresny ou Lesage, pour ne citer que les plus connus de ces auteurs usuellement qualifiés de « post-moliéresques ».

Mœurs et valeurs hasardeuses d'une comédie fin-de-règne

Aussi nombreux soient-ils, ces jeux d'échos intertextuels ne font pas de la pièce de Baron la simple répétition affadie de la « perfection » du répertoire classique ; ils deviennent au contraire les moyens d'un questionnement de cet héritage et les témoins de sa profonde transformation. Le prologue l'avait annoncé : la nouvelle génération d'auteurs et de comédiens traverse des temps difficiles et connaît une crise d'autorité qui remet en cause les fondements de l'art et de la pratique dramatique. Privé du soutien royal et dépourvu de chef de troupe, le théâtre ne pourra désormais plus exister qu'au moyen d'un redéploiement des systèmes de valeurs, sociaux et esthétiques, qui le régissent.

Ainsi, et de façon symptomatique, cette comédie sans roi, sans chef, est aussi une comédie sans pères, ou presque, puisque les deux personnages principaux, la Marquise et la Comtesse, sont deux jeunes veuves, c'est-à-dire deux femmes libres qui, n'étant plus soumises à l'autorité de leur mari, échappent aussi à la tutelle paternelle. En tant que personnes, les veuves constituent, on le sait, un cas à part dans la société de l'Ancien Régime. À l'heure où les femmes sont généralement considérées comme des « sous-personnes » juridiques, ne pouvant revendiquer aucun rôle pleinement social, les veuves ont le statut d'individus à part entière, responsables et capables, même si tout les pousse à choisir rapidement

---

1. *Les Promenades de Paris*, in *Le Théâtre de Gherardi*, VI, p. 122–23.

soit le couvent, soit le remariage, pour éviter de prolonger une situation de solitude qui menace les fondements d'une société patriarcale.[1]

La Marquise et la Comtesse sont, de fait, toutes les deux poussées par leur famille à mettre un terme à leur condition de veuves. S'il n'est jamais question du couvent dans la pièce, elles envisagent toutes deux le remariage, mais avec circonspection. D'abord, parce que les obstacles sont externes. Rien là de très nouveau : depuis des décennies, les comédies aiment à opposer les intérêts amoureux des jeunes gens à ceux, financiers, de leurs aînés qui conçoivent d'abord le mariage comme un contrat aux enjeux économiques. Aussi la Comtesse n'est-elle pas dégagée, malgré son veuvage, de la volonté de sa famille. Elle doit surmonter deux « obstacles puissants » pour épouser Dorante : le peu de bien de son amant et l'entêtement de son oncle « pour les grandes alliances » (I, 3). Quant à la Marquise, elle ne fait pas secret de ses sentiments pour Éraste qu'elle présente dans la même scène comme « le seul homme au monde » capable de lui « tourner la cervelle » sur la question du remariage. Mais elle doit aussi faire face à la volonté de sa famille qui souhaite qu'elle épouse le vieux Vicomte. Ces difficultés auraient pu constituer à elles seules tout le sujet de la comédie. Elle sont pourtant contournées aisément par ces deux femmes qui en font somme toute peu de cas et tirent parti de leur condition pour venir à bout de leurs intrigues matrimoniales sans l'entremise de leurs parents, lesquels n'interviennent pas de façon directe et n'entrent jamais en scène. La Comtesse règle ainsi ses affaires sans qu'il ne soit plus question de l'oncle, qui n'apparaît dès lors que comme un prétexte topique initial destiné à donner quelque relief à cet enjeu matrimonial qui se voit rapidement relégué au second plan de l'intrigue. La Marquise, quant à elle, s'applique personnellement et particulièrement à dégoûter le Vicomte de vouloir l'épouser en multipliant les scènes d'humiliation à l'endroit du prétendant ridicule. Les obstacles traditionnels au bonheur des jeunes gens de comédie, liés à la figure et à la volonté du père (ou apparenté), se trouvent ainsi rapidement expédiés.

Chose nouvelle, toutefois, les obstacles que doivent surmonter ces jeunes femmes sont aussi (et surtout) de nature interne : ils portent sur la détermination du choix de l'époux ainsi que sur la décision même de se remarier. C'est vrai notamment pour la Marquise, qui se distingue en cela de la Comtesse, et investit le premier plan de l'intrigue. Objet de toutes les convoitises, elle se divertit de tous ses amants mais peine à déterminer son choix sur Éraste, puisqu'elle voudrait avoir le monopole de la frivolité et qu'elle n'entend pas souffrir la rivalité qu'il lui oppose sur le terrain des galanteries : « il se trouve pour le moins aussi coquet que je suis coquette. Je ne m'accommode point du tout de cela, et

---

1. Nous empruntons ici les analyses de Christian Biet, exposées notamment dans son ouvrage *Droit et littérature sous l'Ancien Régime. Le Jeu de la valeur et de la loi* (Paris : Honoré Champion, 2002), et dans son article, « De la veuve joyeuse à l'individu autonome », *Dix-septième siècle*, 187 (1995), p. 307-30.

je veux l'être seule » (I, 3), confesse-t-elle initialement à son amie. Avant de l'épouser, ce qu'elle affirme pouvoir faire dans les vingt-quatre heures malgré les objections de sa famille (III, 1), elle veut donc mettre sa fidélité à l'épreuve. Dans ce dessein, elle fait preuve d'autant de détermination que de peu de clairvoyance, s'entêtant dans les préparatifs de ce faux rendez-vous des Tuileries malgré les tentatives de la Comtesse, qui condamne la dureté de cette résolution, pour l'en dissuader. Faut-il y voir un signe de ce que l'on pourrait qualifier de « paradoxe de la veuve », femme libre mais inapte à exercer de façon responsable une liberté à laquelle, en tant que femme, elle n'a précisément jamais été préparée ?[1] Son acharnement s'expliquerait plutôt par le fait qu'elle n'ait jamais vraiment souhaité se remarier. Ce qui est évident au sujet du Vicomte, semble paradoxalement presque tout aussi vrai au sujet d'Éraste. Tout se passe comme si la Marquise cherchait absolument à trouver une bonne raison de ne pas l'épouser — c'est ce que lui reproche la Comtesse, qui vante les mérites d'une douce ignorance en matière amoureuse : « Il serait bien mieux d'ignorer les choses qui ne sauraient que vous donner du déplaisir à apprendre. [...] Vous chercherez tant, que vous trouverez à la fin quelque chose qui vous déplaira » (III, 1). De fait, et en dépit d'apparences sans lesquelles il n'y aurait plus d'intrigue ni de comédie, la Marquise apprend dès le milieu de la pièce, par l'entremise de Du Laurier (II, 5), qu'Éraste voit Dorimène. La poursuite du stratagème, jusqu'au dénouement, n'a plus d'autre fonction, dès lors, que de confirmer ce qu'elle sait déjà, c'est-à-dire qu'elle n'épousera pas l'infidèle, et de le confondre afin de revendiquer publiquement la supériorité de son esprit, ce contre quoi la Comtesse, une nouvelle fois, l'avait mise en garde : « J'ai bien peur que vous ne vous repentiez d'avoir eu trop d'esprit » (III, 1). Si la Marquise esquive finalement toute perspective de remariage, c'est, en fait, parce qu'elle est rebutée par l'idée même d'une telle union. Estimant que « ce doit être assez d'avoir été mariée une fois pour ne vouloir plus l'être », elle s'oppose à l'opinion de la Comtesse pour qui « un peu d'ordre dans la vie pourrait n'en pas diminuer les plaisirs » (I, 4). L'ordre de la loi matrimoniale, vanté par la Comtesse, s'oppose ainsi à l'aspiration de la Marquise à une vie d'autant plus délectable qu'elle n'aura à se soumettre à aucune forme de loi. Et tandis que la première offre le modèle final d'une conformité rétablie, la seconde diffère *sine die* toute perspective de remariage et fait ainsi perdurer, par-delà le dénouement, la menace d'une mise en crise de l'ordre social.

Cette vie de plaisirs à laquelle se livre la Marquise, entraînant un temps la Comtesse à ses côtés, pourrait donc perdurer : une vie faite de jeux, de galanteries, de médisances et de cruautés, c'est-à-dire une vie déréglée, et qu'elle mène sur le mode de la surenchère, comme s'il s'agissait de rivaliser avec des

---

1. Voir Guy Spielmann, « Viduité et pouvoir dans le discours comique, 1683–1715 », *Dix-Septième siècle*, 187 (1995), p. 331–43 (p. 333).

prérogatives jusque-là masculines (« les hommes aujourd'hui gardent bien plus de mesures », s'étonne et reproche Du Laurier) et de rechercher le scandale — « Vos plaisirs ne seraient point parfaits si tout le monde n'en était instruit », blâme encore la servante (I, 3). La menace qu'incarne la veuve, dormant le jour et ne s'animant qu'à la tombée de la nuit, à tel point que l'on croirait que « le soleil [lui fait] peur », est donc celle d'un monde aux valeurs inversées, où les lois d'Apollon, dieu solaire, sont bafouées, tout autant que celles du dieu des Chrétiens, évoqué par la servante — « [est-ce] pour prier Dieu que vous passez chez vous les nuits avec des hommes ? » (I, 3). Cette menace, autrement dit, est celle de la mise en crise d'un ordre où la domination masculine — celle du père ou du mari — constitue le principe fondateur du régime absolutiste, qui s'appuie sur trois piliers, le père, le roi et Dieu.

Bien que le dénouement ait pour effet de singulariser le cas de la Comtesse, opposé à la Marquise, *Le Rendez-vous des Tuileries* offre le spectacle d'une relativisation générale des valeurs qui contamine toutes les figures centrales de la pièce. Les valets s'adonnent au jeu tout autant que leurs maîtres, à grand renfort d'eau-de-vie, et Du Laurier n'incarne en rien la morale populaire et sensée, propre à certaines soubrettes de Molière, qui serait susceptible de rétablir sa maîtresse dans le droit chemin. Si elle condamne le comportement de la Marquise, c'est seulement parce que celle-ci ne cherche pas à « sauver les apparences » (I, 3). Les bruits qui courent, en effet, inquiètent bien davantage la Du Laurier que les entorses à la bonne moralité. Ce qui cause principalement son courroux, outre le manque de sommeil occasionné par les habitudes de sa maîtresse, c'est qu'on ne lui laisse pas « le profit des cartes » : si seulement ses gages étaient indexés sur les gains de sa maîtresse et qu'elle pouvait donc bénéficier financièrement des parties de lansquenet, elle ne trouverait plus rien à y reprocher. Ce que Du Laurier reproche à sa maîtresse, c'est donc avant tout d'être « avare » et de n'avoir pas « la plus grande régularité à payer ses gens » (II, 2). Les figures masculines, quant à elles, n'offrent pas non plus de modèle à opposer aux femmes. Éraste n'est guère plus intègre que la Marquise, et s'il confesse l'« aimer ardemment » (I, 8), il se soucie d'abord du rétablissement de sa fortune, ce qui le conduit à courtiser plusieurs maîtresses à la fois : « Je ne suis pas riche, je veux rétablir mes affaires, et malgré mon amour je ne le puis qu'en me mariant. [...] Je veux ménager Dorimène en cas que la Marquise me refuse ». L'intérêt de ses affaires supplante donc celui de ses sentiments (tout comme, chez la Marquise, l'intérêt ou amour de soi, autrement dit l'orgueil, supplante les sentiments pour l'autre). Si bien que la phrase que cette dernière prononce au début de la pièce, « la tendresse vient à bout de tout », résonne ironiquement comme une annonce inversée du propos de la pièce, qui montre, au contraire, que si le mariage et l'amour vont souvent l'un sans l'autre, ils peuvent même aller l'un *contre* l'autre : après avoir sciemment fait échouer son union avec Éraste avec qui elle partage un amour réciproque, la Marquise ira, en effet, jusqu'à demander au Vicomte de lui « prouver » son amour en renonçant à l'épouser.¹ À propos du couple formé par Dorante et la Comtesse, qui peut *in fine* sembler garant du rétablissement d'un ordre stable, on peut souligner encore l'interférence d'enjeux financiers, puisque cette union n'est peut-être due qu'à l'issue heureuse d'une partie de lansquenet, renflouant les finances du prétendant.

Si l'intérêt est roi, s'il fait et défait les unions, il constitue pourtant une valeur tout aussi aléatoire que les autres, soumis qu'il est au flux rapide des parties de cartes. Dans un monde où toutes les valeurs semblent remises en jeu, au sens figuré comme au sens propre, les parties de lansquenet, principale activité d'une aristocratie désœuvrée, deviennent le seul moyen de rebattre les cartes de l'ordre ancien, auquel elles offrent une alternative hasardeuse.

Mœurs dissolues, forme décousue

La pièce est, dans sa forme, tout aussi décousue que les mœurs qu'elle met en scène sont dissolues, ce qui a valu des reproches à Baron, comme ceux des frères Parfaict, qui refusent au *Rendez-vous des Tuileries* le titre de *comédie* et n'y voient guère qu'un « fragment de comédie » en raison de son défaut de conduite.² Ces objections, qui ne sont pas infondées, témoignent d'un malentendu : car en jugeant la pièce à l'aune des canons du classicisme qu'elle maltraite, on risque en effet de se méprendre sur l'esthétique qu'elle instaure.

Il n'est pas faux que la pièce n'a « ni intrigue, ni nœud, ni dénouement ».³ Tout d'abord, le piège tendu à Éraste est finalement assez peu exploité, et ne donne pas lieu à une issue aussi spectaculaire que dans *L'Homme à bonne fortune* où, au terme d'une longue machination, Moncade est confondu publiquement aux yeux de ses maîtresses assemblées (et des spectateurs). Dans *Le Rendez-vous des Tuileries* au contraire, le stratagème ourdi par la Marquise est tenu secret tout au long de la pièce et il n'y est fait référence que de façon laconique. Or cet effet de suspens n'a pas pour fonction de ménager une ultime péripétie ou un effet de surprise, puisque l'auteur nous prive finalement du spectacle attendu de la scène qui confondrait le coquet. Ensuite, le dénouement se dérobe dans la mesure où la pièce se termine sans mariage pour le personnage principal qu'est la Marquise, ce qui est peu commun dans une comédie. Sa destinée matrimoniale, ainsi que celle d'Éraste, reste en suspens. Certes, les scènes finales scellent deux unions, mais celles-ci interviennent presque sans avoir été préparées. L'amour de la Comtesse pour Dorante a été relégué au second plan de l'intrigue pendant toute la pièce et n'a fait l'objet d'aucune péripétie : l'union des deux amants est

---

1. Au Vicomte qui déclare l'aimer, elle répond en effet: « prouvez-le moi en ne m'épousant pas » (III, 5).
2. Parfaict, *Histoire du théâtre français*, XII, p. 463.
3. *Ibid.*

expédiée en une seule phrase. Quant au mariage de Dumont et Du Laurier, il est tout aussi inattendu, puisqu'à aucun moment auparavant il n'a été question d'une complicité particulière entre la servante et le valet, et que celle-ci n'a aucune fonction dramaturgique active. Enfin la pièce pèche encore par le choix de son titre, peu représentatif de l'intrigue : non seulement, on l'a vu, parce que la pièce ne se déroule pas aux Tuileries, mais aussi parce que cette comédie de femmes, ou plus exactement de veuves, est presque une comédie sans hommes. Contrairement à ce qu'annonce le titre, ledit « coquet trompé » n'est pas le personnage principal et n'apparaît que dans six scènes, sur plus de trente. Un titre plus fidèle à l'intrigue aurait mis en vedette le duo féminin de la Marquise et la Comtesse (comme le fera Baron l'année suivante, avec *La Coquette et la fausse prude*), ou même le seul personnage de la Marquise qui, du reste, partage le défaut de coquetterie avec Éraste et se trouve finalement tout aussi trompée que lui — au double sens du terme, puisque Éraste la *trompe* avec Dorimène, mais aussi peut-être, comme le suggère la Comtesse, parce qu'elle se *trompe* elle-même en infligeant une si rude épreuve à son amant.

Si les frères Parfaict dénigrent la forme du *Rendez-vous*, ils trouvent toutefois dans cette pièce « des caractères neufs », des scènes « plaisantes » et de la « vivacité » dans les dialogues, à tel point, commentent-ils, que la saveur de chaque scène « prise séparément » fait « disparaître en partie les défauts » de l'ensemble. De fait, la pièce vise la diversité des plaisirs et mise sur une esthétique de la variété, bien plutôt que sur la recherche d'un ordre dont la régularité et l'harmonie garantirait l'effet de l'ensemble. Ce qui constitue à proprement parler l'intrigue du *Rendez-vous* occupe une place assez maigre dans l'économie d'ensemble : sans même tenir compte du prologue, pièce apéritive quasi autonome qui occupe à elle seule la durée d'un acte, et des moments musicaux (chaconne et ouverture), la pièce ne compte guère plus d'une scène sur deux qui soit consacrée à faire progresser l'action. Les deux premières scènes, qui occupent environ le tiers du premier acte, fonctionnent ainsi comme un tableau collectif donnant à voir les mœurs débridées des valets qui jouent, boivent, trichent et se querellent, avant de finir par se faire chasser à coups de bâton par l'écuyer de la maison. La deuxième moitié de l'acte II donne à voir le désœuvrement des deux amies qui commencent par passer en revue les divertissements parisiens qui pourraient les sortir de l'ennui (II, 9 et 10), ce qui donne lieu à un dénigrement systématique de toutes les scènes théâtrales de Paris — Comédie-Française, Comédie-Italienne et Opéra —, et décident finalement, faute de mieux, de passer l'après-dînée à accueillir les joueurs de leur entourage. La pièce délivre alors le défilé d'une série de personnages ridicules qui tentent de séduire la Marquise et fournissent autant de numéros comiques, musicaux et chorégraphiés : Benville, venu pour donner sa leçon de menuet qui rappelle celle du *Bourgeois gentilhomme* (II, 12), le balbutiant Vicomte qui multiplie les répliques incohérentes (II, 13–15), le Chevalier venu de la cour qui parodie des opéras de Lully pour déclarer son amour en chantant à celle-là même qui commentait, quelques scènes plus tôt, ne pouvoir supporter, « aux dépens du bon sens et de la raison, entendre tous ces héros [lui] parler de leurs malheurs en chantant » (II, 9). L'acte III, enfin, est ponctué par l'intervention des joueurs qui surgissent au gré des hasards de leurs parties de cartes : Madame Argante qui, ruinée, fait deux apparitions furieuses (III, 4 et 6), ou encore le Chevalier et le Marquis qui bastonnent le Vicomte pour obtenir son argent (III, 6). Les extraits parodiques placés dans la bouche du Chevalier, citant des extraits d'opéras de Lully, ont pour effet de renforcer la connivence avec le public, comme autant de clins d'œil qui misent sur la reconnaissance de ces airs connus et rompent un instant l'illusion.

Le déroulement du *Rendez-vous des Tuileries* repose ainsi sur une alternance de « scènes de mœurs » (jeu, mondanités, ennui et divertissements d'une classe oisive) et d'épisodes que l'on pourrait qualifier de « tableaux de genre » (les deux premières scènes par exemple), le tout émaillé de « numéros » qui trouvent leur finalité comique en eux-mêmes (chacune des apparitions du zézayant Vicomte, par exemple) et font la part belle aux divertissements (notamment avec les interventions chantantes du Chevalier). L'ensemble est relevé d'un langage imagé et haut en couleur, à tel point que le *Dictionnaire comique* de Le Roux (ou encore le dictionnaire de Trévoux) cite *Le Rendez-vous des Tuileries* pour attester l'emploi de certains mots de lexique (comme « grison » pour « espion ») et d'expressions imagées, comme « entendre non plus de raison qu'un Suisse » pour « être stupide », « apprendre à son père à faire des enfants » pour « se mêler de [...] donner des conseils à une personne de savoir », ou encore « jouer des épinettes » pour « tricher ». Dès lors, l'intrigue n'apparaît plus que comme une trame où viennent s'insérer ces « scènes à faire » ou encore ces « clous » qui sont autant de petites perles spectaculaires et langagières — un *prétexte*, au double sens que l'on peut donner à ce terme : un subterfuge (ou faux-fuyant) et un « pré-texte » (ou support textuel préalable).

On voit donc combien le néologisme consacré de « post-moliéresque » détourne de la spécificité de cette production théâtrale lorsqu'elle invite à n'y voir que le rabâchage du modèle de la comédie classique, dont la répétition, en quantité, s'accompagnerait irrémédiablement d'une déperdition qualitative, alors que ce théâtre ne cesse au contraire d'interroger le poids de cet héritage et de le mettre à distance pour tenter de s'en délester. Dès le prologue, le métathéâtre devient le truchement par lequel la production dramatique prend en charge cet héritage encombrant au moyen d'une singulière rhétorique d'auto-dénigrement qui interroge les modalités de son renouvellement. La pièce liminaire annonçait d'emblée, résolument quoique sur le mode mineur, le rôle que cette dramaturgie nouvelle accorderait, en dépit des interdits institutionnels, à la musique et à la danse. Cherchant à trouver sa voie parmi ce faisceau de contraintes, Baron délaisse l'idéal réglé d'une intrigue à la linéarité toute littéraire pour privilégier l'enchaînement de numéros spectaculaires, de performances d'acteurs, de vignettes et de bons mots, parvenant ainsi à créer une nouvelle « syntaxe de l'effet »[1] qui repose moins sur l'intrigue que sur la variété des plaisirs. S'adressant à un type de public nouveau, citadin et souvent distrait comme l'évoque le prologue, Baron mise sur la connivence entre la scène et la salle pour replacer, au cœur de l'expérience et de la performance théâtrales, le plaisir du spectateur, qui se goûte par intermittences.

Établissement du texte

Fortune éditoriale du Rendez-vous des Tuileries ou Le Coquet trompé

Deux états du texte ont été publiés du vivant de Baron. La pièce est publiée pour la dernière fois en 1759.

1. L'édition originale date de 1686, à Paris, chez Thomas Guillain (B. N. Tolbiac YF-3849). C'est la seule édition séparée de la pièce, dont nous reproduisons la page de couverture. Le privilège du 21 février autorise à « faire imprimer, vendre et débiter » la pièce pendant six ans à compter de l'achevé d'imprimer du 2 juillet. L'ouvrage in-12, numéroté de façon erronée jusqu'à la page 225 (il n'en compte que 125), ne porte pas de nom d'auteur sur la page de titre, mais « le sieur Baron, comédien de [la] troupe royale » est nommé dans le privilège. En 1687 puis en 1691, cette même édition dotée de son privilège figure dans deux recueils factices intitulés *Les Œuvres de M. Le Baron* : le premier chez Thomas Guillain (B. N. Richelieu RF-5438(1)), le second chez la veuve Gontier (B. N. Arsenal GD 529). Ces deux recueils brochent l'édition séparée du *Rendez-vous des Tuileries*, avec celles de *La Coquette et la Fausse prude*, de *L'Homme à bonne fortune* et des *Enlèvements*.

2. En 1694, une contrefaçon du *Rendez-vous des Tuileries* (à Paris, chez Thomas Guillain, « suivant la copie ») est incluse dans le recueil sans privilège des *Œuvres de M. Le Baron* (in-12, B. N. Richelieu 8-RF-5439), avec *Les Enlèvements*, *L'Homme à bonne fortune* et *La Coquette et la Fausse Prude*. Chaque pièce possède sa propre page de titre, indiquant éditeur et date, mais l'ouvrage possède une pagination continue et le frontispice gravé d'une scène de *L'Homme à bonne fortune*. C'est la dernière édition du *Rendez-vous* du vivant de l'auteur. Elle amende en partie les coquilles de 1686 (pagination et numérotation des scènes notamment), mais en reproduit beaucoup d'autres à l'identique.

3. En 1736, la pièce est reprise chez Pierre-Jacques Ribou dans le premier des deux volumes in-12 du *Théâtre de Monsieur Baron augmenté de deux pièces qui*

---

1. Guy Spielmann, « Pour une syntaxe du spectaculaire au XVIIe et au XVIIIe siècles », *in Les Arts du spectacle au théâtre (1550–1700)*, éd. Marie-France Wagner et Claire Le Brun-Gouanvic (Paris : Honoré Champion, 2001), p. 219-60 (p. 244).

n'avaient pas encore été imprimées,[1] *et de diverses poésies du même auteur* (B. N. Tolbiac YF-8169). Le privilège royal du 4 juin 1734 est accordé pour six ans à Pierre-Jacques Ribou pour imprimer « en bon papier et beaux caractères » les œuvres de Baron mais aussi de Champmeslé, La Thuillerie, La Font et Barbier. L'approbation autorisant l'impression est donnée le 2 juin 1735. La même année, deux volumes paraissent sous le même titre à Amsterdam, « Aux dépens de la Compagnie », sans privilège : l'état du texte est sensiblement identique à l'édition de 1736 mais la ponctuation varie et certaines coquilles sont corrigées.

4. En 1738, la pièce paraît dans le premier des deux volumes in-12 de la « Nouvelle édition » du *Théâtre de Monsieur Baron*, chez Pierre de Bats. L'édition est strictement identique à celle de Ribou 1736 (pagination, coquilles) et contient la même approbation et le même privilège. Un extrait, copié en début de volume, du Registre IX de la Communauté des libraires et imprimeurs de Paris daté du 28 septembre 1737, rapporte que Ribou a cédé plusieurs privilèges (dont celui de Baron) pour acquitter ses dettes.

5. En 1742, l'édition par la « Compagnie des Libraires associés » de *Théâtre de Monsieur Baron augmenté de deux pièces* est largement identique à celle de 1736 dont elle reproduit le privilège à la fin du deuxième volume. Certaines coquilles ont toutefois été corrigées.

6. En 1759, la dernière édition du *Rendez-vous* est aussi la plus soignée. La pièce figure dans le premier des trois volumes de la grande édition in-12, aux dépens des associés, du *Théâtre de M. Baron, augmenté de deux pièces qui n'avaient point encore été imprimées, et de diverses poésies du même auteur* (B.N. Tolbiac YF- 3843), contenant les mêmes pièces qu'en 1736. L'approbation date du 22 décembre 1757 et le privilège du roi, du 2 mars 1758, est accordé à Jean-Luc Nyon fils, lequel a cédé son privilège à la veuve Gandouin et Compagnie le 6 mars 1758.

Le Rendez-vous des Tuileries a fait l'objet d'une édition critique, avec *La Coquette et la fausse prude*, dans une thèse de doctorat dirigée par Jacques Truchet et soutenue en 1986 par Marie-Pierre Oudart à l'université Paris-Sorbonne (thèse consultable à la bibliothèque unversitaire Serpente de Paris IV). John Powell propose aussi une version de cette pièce sur son site internet consacré au théâtre et à la musique au XVIIe siècle, où il reproduit les partitions de Marc-Antoine Charpentier.[2]

Édition de référence

L'édition originale de 1686 est réalisée avec peu de soin et n'a probablement pas été contrôlée sérieusement par Baron. On trouve des erreurs dans la pagination

---

1. Il s'agit du *Jaloux* et de *L'École des pères*.
2. À l'adresse suivante : <http://www.personal.utulsa.edu/~john-powell/theater/> (page consultée le 01/11/2012).

(la page 220 fait suite à la page 119), dans la numérotation des scènes (deux scènes 4 s'enchaînent à l'acte II), ou dans l'annonce des personnages en début de scène. Les noms des personnages varient : dans le prologue, « Monsieur de la Thorillière » devient « Monsieur La Thorillière », « Monsieur Le Baron » devient « Monsieur Baron » et, dans la pièce, « Du Mont » devient « Dumont ». L'orthographe instable est parfois manifestement fautive (erreurs de conjugaison). Certaines coquilles altèrent le sens du texte : à la scène 8 du prologue, Baron évoque des « personnes *attitrées* » venues pour siffler sa pièce (les éditions suivantes corrigent par *attirées*) ; à l'acte II scène 2, Du Laurier annonce qu'elle sait « ce qu'il faut *faire* » (l'édition de 1736 rectifie avec « ce qu'il faut *taire* »). D'autres coquilles peuvent rendre le texte incompréhensible : à l'acte II scène 7, la Marquise évoque « les Suisses » de la lettre qu'elle a écrite, ce qui ne fait pas sens (révisé en 1736 qui mentionne les « suites » de cette lettre). Enfin, la ponctuation empêche une lecture fluide du texte : avant 1736, les différentes éditions améliorent peu cet aspect.

C'est pourquoi nous avons retenu, comme texte de référence, l'édition de 1736 qui présente une ponctuation cohérente sans modifier le texte de l'édition originale si ce n'est pour corriger des coquilles évidentes ou ajouter quelques didascalies : un appel de notes en chiffres romain renvoie aux variantes les plus significatives, réunies à la fin du texte.

L'orthographe a été modernisée. La ponctuation est conforme à l'édition de 1736.

LE RENDEZ-VOUS, DES THUILLERIES;

OU LE COQUET TROMPE',

COMEDIE.

A PARIS,

Chez THOMAS GUILLAIN, fur le Quay
des Auguftins, à la defcente du Pont-neuf,
à l'Image faint Loüis.

M. DC. LXXXVI.
AVEC PRIVILEGE DU ROY

Le Rendez-vous des Tuileries, ou le Coquet trompé : comédie, Paris, T. Guillain, 1686.
Bibliothèque nationale de France, Yf-3849.

PROLOGUE

PERSONNAGES

MONSIEUR DE LA THUILLERIE.
MADEMOISELLE BEAUVAL.
MONSIEUR LE BARON.
MONSIEUR RAISIN L'AÎNÉ.
MONSIEUR DE LA THORILLIÈRE.
MONSIEUR BEAUVAL.
CRISPIN.
UN MARQUIS.
PHILISTE.
AMINTE.
CLORIS.
CLÉANTE.
CHAMPAGNE.
PICARD.[1]

---

1. On peut ajouter à cette liste de rôles celui, muet, de La Crosnier.

Scène première.

Mademoiselle Beauval, Monsieur de La Thuillerie.[1]

MADEMOISELLE BEAUVAL.[1]

Monsieur de La Thuillerie, que veut donc dire ceci ? Je ne devinerais point que l'on joue aujourd'hui une pièce nouvelle ; il est près de cinq heures,[2] et je ne vois encore personne d'habillé. À quoi vous amusez-vous ?

MONSIEUR DE LA THUILLERIE.[3]

Moi ?

MADEMOISELLE BEAUVAL.

Ah ! il est vrai que vous n'y jouez point. Champagne,[4] Champagne, Janot, Champagne, La Crosnier,[5] Champagne ?

Scène II.

Mademoiselle Beauval, Monsieur de La Thuillerie, Champagne.

CHAMPAGNE.

Mademoiselle.

MADEMOISELLE BEAUVAL.

À quoi songes-tu ? Que fais-tu ? D'où viens-tu ? Pourquoi n'allumes-tu pas ? Il faut faire maison neuve ;[6] il y a deux heures que je suis habillée moi ; et ces coquins-là...

---

1. Mademoiselle Beauval, Jeanne Olivier dite Bourguignon (1648-1720), commence sa carrière de comédienne dans une troupe qui parcourt la province. Elle fait la connaissance de Baron et s'installe à Lyon où elle épouse Beauval, son camarade de troupe. En 1670, elle est appelée dans la troupe de Molière, peut-être grâce à l'intermédiaire de Baron. Au moment de la fusion des troupes parisiennes, en 1680, elle demeure parmi les Comédiens du roi, puis elle se retire en 1704. La célèbre comédienne était réputée pour les rôles de soubrette et pour son fort caractère (Lyonnet, *Dictionnaire des comédiens français*, I, p. 116-18).
2. Les représentations commencent habituellement à cinq heures et quart à la Comédie-Française.
3. Jean-François Juvenon, sieur de La Thuillerie (1650-1688), est comédien à l'Hôtel de Bourgogne dès 1672 puis à Guénégaud après 1680. Il est le fils du comédien La Fleur et le beau-fils de Raymond Poisson (Crispin). Réputé dans les rôles de roi dans les tragédies, il écrit aussi plusieurs pièces dont la paternité lui est contestée (Lyonnet, *Dictionnaire des comédiens français*, II, p. 303-04).
4. Désigné comme « décorateur » dans les registres de la Comédie-Française (Registre n° 17, f° 0 v°), Champagne remplissait en quelque sorte les fonctions d'un « régisseur » de théâtre. Dancourt le mentionne également dans le prologue de *L'Opérateur Barry* (1702).
5. La Crosnier (ou Lacrosnier) était ouvreuse de loges à la Comédie-Française.
6. « On dit [...], faire maison neuve, pour dire, chasser tous ses domestiques et en prendre d'autres » (Antoine Furetière, *Dictionnaire universel*, 2 vol., La Haye et Rotterdam : Arnoud et Reinier Leers, 1701).

CHAMPAGNE.

Mademoiselle, si vous voulez, tout sera prêt dans un moment ; mais Monsieur Le Baron vient de m'envoyer dire de ne pas allumer si tôt.

MONSIEUR DE LA THUILLERIE.

Jusques à présent il n'y a pas encore grand mal ; mais pour peu qu'il tardât...

MADEMOISELLE BEAUVAL.

Il prend bien son temps pour se faire attendre, le jour d'une pièce nouvelle. Je vais parier qu'il joue à trois dés,[1] de l'heure qu'il est.

MONSIEUR DE LA THUILLERIE.

La peste, qu'il n'a garde !

MADEMOISELLE BEAUVAL.

Hé pourquoi ?

MONSIEUR DE LA THUILLERIE.

La pièce que nous allons jouer est de lui.

MADEMOISELLE BEAUVAL.

Qui vous l'a dit ?

MONSIEUR DE LA THUILLERIE.

Lui-même, hier il l'annonça.

Scène III.

Messieurs Le Baron et de La Thuillerie, Mademoiselle Beauval, Picard.

MONSIEUR LE BARON.

Hai Picard, Picard, Picard ?

PICARD.

Monsieur.

MONSIEUR LE BARON.

Tiens, prends mon manteau, et reporte mes habits chez moi, je ne jouerai point d'aujourd'hui.

MADEMOISELLE BEAUVAL.

Courage. Voici quelque chose de nouveau.

---

1. Jeu « où l'on met son argent au hasard du sort des dés » (Antoine Furetière, *Dictionnaire universel*, 2 vol., La Haye et Rotterdam : Arnoud et Reinier Leers, 1690). Sauf indication contraire, c'est l'édition de 1690 du Furetière qui a été utilisée.

MONSIEUR LE BARON.
Picard, dis au portier en même temps qu'il n'a qu'à rendre l'argent.

MONSIEUR DE LA THUILLERIE.
Y songez-vous ?

MONSIEUR LE BARON.
J'y ai songé.

MADEMOISELLE BEAUVAL.
Êtes-vous fou ?

MONSIEUR LE BARON.
Non, Mademoiselle, je ne suis point fou.

MONSIEUR DE LA THUILLERIE.
Je vais au plus vite empêcher que l'on ne fasse ce que vous dites.

Scène IV.

Messieurs Le Baron et Raisin, Mademoiselle Beauval.

MONSIEUR LE BARON, *à Monsieur de la Thuillerie qui s'en va.*
Cela sera inutile.

MONSIEUR RAISIN.[1]
Et qu'est-ce, Monsieur Baron,[2] n'allez-vous pas vous habiller ?

MADEMOISELLE BEAUVAL.
C'est un fou.

MONSIEUR LE BARON.
Fort bien.

MADEMOISELLE BEAUVAL.
Quel impertinent !

---

1. Jacques Raisin, dit Raisin l'aîné (1653-1702), fils d'un organiste de Champagne, démarre sa carrière dans la troupe du Dauphin fondée par son père puis dirigée par sa mère (la veuve Raisin), au sein de laquelle Baron débute également. Après avoir sillonné la province, il entre à la Comédie-Française en 1684 où il se spécialise dans les seconds rôles tragiques ainsi que dans les amoureux de comédie, avant de se retirer en 1694. Raisin est aussi l'auteur de quatre pièces créées à la Comédie-Française mais non imprimées. Musicien, il compose aussi les divertissements de plusieurs comédies. Son frère Jean-Baptiste (Raisin le cadet) s'acquiert une plus grande réputation d'acteur (Lyonnet, *Dictionnaire des comédiens français*, II, p. 579).
2. Celui qui se nomme ici « Le Baron » se faisait plus communément appeler « Baron ». Voir infra p. 5.

MONSIEUR RAISIN.
Qu'est-ce donc ?

MONSIEUR LE BARON.
Elle raille.

MADEMOISELLE BEAUVAL.
Non, ma foi, je ne raille point.

MONSIEUR LE BARON.
Oh que si.

MADEMOISELLE BEAUVAL.
Je suis lasse de vos sottises au moins.

MONSIEUR LE BARON.
Que n'êtes-vous toujours comme cela ?

MONSIEUR RAISIN.
Je ne comprends rien.

MADEMOISELLE BEAUVAL.
Quel extravagant !

MONSIEUR LE BARON.
Que la voilà de bonne humeur !

MADEMOISELLE BEAUVAL.
Quel ridicule !

MONSIEUR LE BARON.
Courage.

MADEMOISELLE BEAUVAL.
Monsieur Le Baron ?

MONSIEUR LE BARON.
Mademoiselle.

MADEMOISELLE BEAUVAL.
Je vous dirai quelque chose qui ne vous plaira pas.

MONSIEUR LE BARON.
Tout me plaira de vous.

MADEMOISELLE BEAUVAL.
Oh finissons.

MONSIEUR LE BARON.
Quand vous voudrez.

MADEMOISELLE BEAUVAL.

Je n'aime point vos plaisanteries.

MONSIEUR LE BARON.

Je ne vous en fais point.

MADEMOISELLE BEAUVAL.

À qui pensez-vous avoir affaire ?

MONSIEUR LE BARON.

À vous-même.

MADEMOISELLE BEAUVAL.

Je suis lasse d'en souffrir.

MONSIEUR LE BARON.

Je n'en suis pas cause.

MADEMOISELLE BEAUVAL.

Laissez-moi en repos.

MONSIEUR LE BARON.

Vous êtes trop charmante comme cela.

MADEMOISELLE BEAUVAL.

Allez vous promener.

MONSIEUR LE BARON.

Comme elle se divertit !

MADEMOISELLE BEAUVAL.

La peste vous étouffe.

MONSIEUR LE BARON, *en riant.*

Ah, ah, ah.

Scène V.

Messieurs Le Baron, Raisin et Beauval, Mademoiselle Beauval.

MONSIEUR BEAUVAL.[1]

Qu'est-ce donc que j'entends ?

---

1. Jean Pitel, sieur de Beauval (1635-1709), commence sa carrière théâtrale comme moucheur de chandelles dans une troupe lyonnaise qu'intègre Baron après avoir quitté la veuve Raisin. Son mariage avec la future demoiselle Beauval lui vaut son admission comme comédien dans la troupe. En 1670, il bénéficie une seconde fois du talent de sa femme puisqu'il la suit quand elle reçoit l'ordre royal de rejoindre Molière. Après la mort de ce dernier, il passe à l'Hôtel de Bourgogne avec son épouse et Baron, puis au théâtre Guénégaud en 1680. Spécialisé dans les rôles de valets et de niais, il se distingua notamment dans le Diafoirus du *Malade imaginaire* (Lyonnet, *Dictionnaire des comédiens français*, I, p. 115-16).

MADEMOISELLE BEAUVAL.
Faut-il le demander ?

MONSIEUR LE BARON.
Il y a une heure que nous plaisantons tous deux.

MADEMOISELLE BEAUVAL.
Vous ne sauriez être un moment ensemble sans vous quereller ?

MONSIEUR LE BARON.
Bon ! ne voyez-vous pas qu'elle rit ?

MADEMOISELLE BEAUVAL.
Qui ? moi, je ris ? jarni. Ah, ah, ah.

MONSIEUR LE BARON.
Hé bien, que vous disais-je ?

MONSIEUR BEAUVAL.
Par ma foi vous êtes fous tous deux.

MADEMOISELLE BEAUVAL.
Qui ne rirait de toutes ces folies ?

MONSIEUR LE BARON.
Mais que ne riez-vous donc toujours ?

MADEMOISELLE BEAUVAL.
Il ne me plaît pas. Ah ! mort de ma vie, si j'étais homme...

MONSIEUR LE BARON.
Bon, la voilà qui pleure.

MONSIEUR BEAUVAL.
Hé ne lui dites rien.

MADEMOISELLE BEAUVAL.
Oui, je pleure de rage de voir un fou. Ah, ah, ah, parce que je ne suis qu'une femme...

MONSIEUR BEAUVAL.
Mademoiselle Beauval, allez, je vous prie, achever de vous habiller.

MADEMOISELLE BEAUVAL.
Oh ! mort de ma vie, si tu étais de mon humeur...

MONSIEUR BEAUVAL.
Oh ! faites donc ce que l'on vous dit.

Scène VI.

Messieurs Le Baron,¹ Raisin et Beauval.

MONSIEUR LE BARON.

Rire, pleurer, et quereller tout ensemble, voilà ce qu'on appelle une bonne comédienne.¹

MONSIEUR BEAUVAL.

Le beau plaisir que vous avez de la mettre en colère !

MONSIEUR LE BARON.

Pourquoi s'y met-elle mal à propos ?

MONSIEUR BEAUVAL.

N'a-t-elle pas raison ? On vient de nous dire à la porte que vous ne vouliez pas jouer.

Scène VII.

Messieurs Le Baron, Raisin, Beauval,² de La Thuillerie et de La Thorillière.

MONSIEUR DE LA THUILLERIE.

Je viens d'empêcher que l'on n'exécutât vos ordres.

MONSIEUR RAISIN.

Vous avez fort bien fait.

MONSIEUR LE BARON.

Vous jouerez donc une autre pièce ; car pour celle-ci...

MONSIEUR DE LA THUILLERIE.

Mais du moins dites-moi les raisons d'une résolution si étrange.

MONSIEUR LE BARON.

Oh voilà ce qu'il me fallait demander, et non pas s'emporter contre moi, comme Mademoiselle Beauval vient de faire.

---

1. La Beauval était connue pour ses sautes d'humeur et son rire communicatif, dans la vie et sur la scène (elle s'était distinguée dans la Nicole du *Bourgeois gentilhomme*). Baron rend ici un hommage, ironique mais non moins réel, à cette comédienne auprès de qui il a mené sa carrière avant même d'intégrer la troupe des Comédiens du roi. En 1704, année de sa retraite, la talentueuse comédienne sera de nouveau saluée par Regnard dans le prologue des *Folies amoureuses*.
2. Monsieur Beauval est annoncé présent dans les scènes 7 à 9 du prologue. Or il ne parle dans aucune d'entre elles et fait une nouvelle entrée à la scène 10. On suppose qu'il sort au terme de la scène 6 ou dans le courant des deux suivantes.

MONSIEUR DE LA THUILLERIE.[1]

Dites-nous-les donc, et ne perdez point de temps ; car le monde commence à venir, et il faut au plus vite ou se résoudre à ne point jouer, ou nous habiller promptement.

MONSIEUR LE BARON.

Je le veux bien ; et de plus je vous promets de jouer, pourvu que vous me promettiez d'exécuter ce que je vais vous proposer, en cas même[2] que vous le trouviez raisonnable.

MONSIEUR DE LA THUILLERIE.

Dépêchez-vous donc, on vous le promet.

MONSIEUR LE BARON.

Assurément.

MONSIEUR RAISIN.

Oui, nous vous le promettons tous.

MONSIEUR LE BARON.

Je commence. Vous savez bien, Messieurs, que depuis un an au moins...

MONSIEUR DE LA THUILLERIE.

Avant la naissance du monde et sa création.

MONSIEUR LE BARON.

Oh laissez-moi parler.

MONSIEUR RAISIN.

Ne l'interrompez pas.

MONSIEUR DE LA THORILLIÈRE.

Poursuivez.

MONSIEUR LE BARON.

Messieurs, en deux mots, je suis informé de bonne part que des gens mal intentionnés doivent se trouver ici pour critiquer et siffler ma pièce : je crois qu'elle mérite de l'être, et je me rends justice ; mais je serais au désespoir que ce malheur m'arrivât par un dessein prémédité.[3]

1. La Thorillière, Pierre Le Noir de (1659-1731), fait ses débuts sur scène dans *Psyché* (1671) aux côtés de Baron qui s'y distingue particulièrement. Il commence sa carrière à la Comédie-Française en 1684 après avoir sillonné la province. Spécialisé dans les seconds rôles de tragédie et les amoureux comiques, il reprend les rôles de Raisin le cadet à sa mort (valets brillants, petits-maîtres, ivrognes...). Il est l'époux de Catherine Biancolelli, Colombine du Théâtre Italien, et le fils de François Le Noir de La Thorillière qui figure dans *L'Impromptu de Versailles* de Molière (Lyonnet, *Dictionnaire des comédiens français*, II, p. 302).
2. *En cas même* : à condition que. L'expression appartient surtout à un vocabulaire juridique.
3. C'est-à-dire par une cabale décidée avant même la création de la pièce, indépendamment de l'appréciation du public.

MONSIEUR RAISIN.

Allez, allez, une pièce n'en est pas plus mauvaise pour être un peu sifflée.

MONSIEUR LE BARON.

Certains auteurs le croient au moins, et j'en vis un il n'y a pas bien longtemps prendre des huées pour des applaudissements, et s'endormir à l'harmonie des sifflets. Pour moi, je vous avoue que je ne me consolerais jamais d'un pareil accident.

MONSIEUR DE LA THORILLIÈRE.

Hé ! y a-t-il tant de façons ?[1] Il faut s'en plaindre au roi.

MONSIEUR LE BARON.

Doucement, doucement, Monsieur ; cela ne va pas si vite : il ne faut pas mettre comme cela le roi à tous les jours.[2] Il nous importe de savoir mieux ménager l'honneur qu'il nous fait de nous écouter ; et si quelquefois nous sommes obligés d'implorer sa bonté, et de le faire entrer dans de petits détails où il veut bien descendre, ce ne doit être au moins qu'après avoir examiné si nous ne pouvons point venir à bout par nous-même de ce que nous souhaitons : mais il ne laisse pas que d'y avoir des manières de se plaindre sans faire tant de bruit.

Scène VIII.

Crispin, Messieurs Le Baron, de La Thuillerie,
Beauval,[3] Raisin, et de La Thorillière.

CRISPIN.[4]

Qu'est-ce donc, Messieurs ? on dit que Monsieur Le Baron ne veut pas jouer. Hé bien ! y a-t-il tant de façons ? Jouons une autre pièce, me voilà prêt.

MONSIEUR LE BARON.

Hé bien, Messieurs, Monsieur Poisson a raison.

---

1. *Y a-t-il tant de façons ?* : faut-il faire tant de façons ?
2. « On dit [...] il ne faut pas mettre ses amis à tous les jours, pour dire, s'en servir à toutes occasions, les importuner trop souvent » (Furetière, *Dictionnaire universel*).
3. Beauval, muet dans cette scène, n'est probablement pas sur le plateau.
4. Il s'agit de Raymond Poisson, dit Belleroche (1630-1690). Premier d'une lignée de comédiens, il attache son nom au type de Crispin, valet en justaucorps noir chaussé de bottes et armé d'une épée, caractérisé par un zézaiement dont Poisson souffrait véritablement mais qui devint indissociable du personnage et fut repris par ses successeurs (notamment son fils Paul). Ayant commencé sa carrière à l'Hôtel de Bourgogne, il demeure dans la troupe du roi en 1680. Palaprat rapporte dans la préface de ses *Œuvres* que Molière enviait son naturel parfait. Acteur en vue à la cour et favorisé par le roi, il fut aussi l'auteur de plusieurs comédies (Lyonnet, *Dictionnaire des comédiens français*, II, p. 536-38).

PROLOGUE

CRISPIN.

Vous croyez, vous, que toute la raison est dans votre tête. Mais depuis quand donc avons-nous des vouloirs ? Morbleu il y a vingt-cinq ans que je tiens mon coin[1] avec les meilleurs comédiens du royaume : j'ai connu les Floridor,[2] Montfleury,[3] La Fleur, La Thorillière ;[4] et cependant il me paraît tout nouveau d'entendre dire, *je ne veux pas.*[5]

MONSIEUR LE BARON.

Monsieur, je n'ai pas assurément le mérite de tous ces Messieurs que vous venez de nommer ; mais s'ils avaient été de ce temps-ci, avec aussi peu de mérite que j'en ai, ils auraient peut-être parlé comme je fais ; et de leur temps, avec autant de mérite qu'eux, j'aurais peut-être parlé comme ils ont fait.

CRISPIN.

Ne remarquez-vous pas du Phébus[6] dans tout ce qu'il dit depuis qu'il se mêle d'être poète ?

MONSIEUR LE BARON.

Et moi, je ne veux rien remarquer dans tout ce que vous dites, de peur de vous déplaire ; et brisons là[7] de grâce. Je l'ai dit, et le répète encore afin que vous en soyez informé, que je n'exposerai point ainsi ma pièce, puisque je suis assez

---

1. « On dit à la paume, qu'un homme tient bien son coin, quand il sait bien soutenir et renvoyer les coups qui viennent de son côté. Et figurément on dit, qu'un homme tient bien son coin dans une conversation, dans un pourparler d'affaires, quand il parle juste et à propos lorsque son tour vient de parler » (Furetière, *Dictionnaire universel*).
2. Floridor (1608-1671), d'origine noble, connaît une brillante carrière à l'Hôtel de Bourgogne où il tient les premiers emplois comiques et tragiques, et s'attire une grande réputation comme orateur (Lyonnet, *Dictionnaire des comédiens français*, II, p. 66-67).
3. Montfleury (1608-1667), comédien de l'Hôtel de Bourgogne, de noble origine et protégé par Richelieu, est l'un des acteurs les plus célèbres de son temps, notamment en raison de la haine qu'il sut inspirer à certains de ses contemporains, Cyrano de Bergerac ou encore Molière qui raille son embonpoint et sa déclamation ampoulée dans la première scène de *L'Impromptu de Versailles* (Lyonnet, *Dictionnaire des comédiens français*, II, p. 465-66).
4. François Le Noir de La Thorillière (1626-1680) est le père de Pierre qui apparaît dans ce prologue et le beau-père de Baron qui a épousé sa fille. Après avoir débuté sa carrière au Marais, il rejoint la troupe de Molière en 1662 où il joue les rôles de rois et de paysans. Après la mort de Molière, il suit Baron à l'Hôtel de Bourgogne et y succède à La Fleur. Il est l'orateur et, en quelque sorte, l'administrateur de la troupe. Sa mort en 1680 déclenche la jonction des troupes à l'origine de la Comédie-Française (Lyonnet, *Dictionnaire des comédiens français*, II, p. 301-02).
5. Poisson, alors âgé de soixante-quinze ans, prend sa retraite en avril 1685, peu après la création de la pièce. Aucun des camarades qu'il mentionne n'est encore en vie.
6. « On dit proverbialement qu'un homme parle *phébus*, lorsqu'en affectant de parler en termes magnifiques, il tombe dans le galimatias et l'obscurité » (Furetière, *Dictionnaire universel*).
7. *Brisons là* : cessons, n'entrons pas en querelle.

malheureux de n'avoir pu résister à la tentation d'en faire une. Je ne l'exposerai point, vous dis-je, après les avis que j'ai reçus, que des personnes attirées seront ici pour la critiquer.

CRISPIN.

Hé morbleu ! qu'on la critique, pourvu qu'ils soient beaucoup qui la critiquent.

MONSIEUR LE BARON.

Monsieur, toutes les manières de gagner de l'argent ne me sont pas égales.

MONSIEUR DE LA THORILLIÈRE.

Monsieur, Monsieur Poisson, allez vous habiller ; ce n'est pas là l'habit que vous devez avoir.[1]

CRISPIN.

Morbleu, c'est que j'enrage quand je vois de jeunes gens comme cela faire les Catons[2] devant les barbons comme nous. On appelle cela justement, apprendre à son père à faire des enfants,[3] et gros Jean qui remontre à son curé.[4]

MONSIEUR LE BARON.

Vive les sentences ! l'habit convient fort bien à celles-là.[5]

MONSIEUR DE LA THORILLIÈRE.

Allez donc vite vous habiller. Vous êtes le plus vieux, montrez-vous le plus sage.

---

1. Poisson porte probablement son costume de Crispin.
2. Caton était renommé pour sa sagesse, sa raideur et son austérité. Cette réplique est citée par le *Dictionnaire* de Trévoux pour attester l'expression « faire les Catons » ; voir *Supplément au dictionnaire français et latin vulgairement appelé Dictionnaire de Trévoux* (Nancy : Pierre Antoine, 1752).
3. « Manière de parler proverbiale, dont on se sert ordinairement, lorsqu'un ignorant ou une personne sans expérience veut se mêler de faire des remontrances ou de donner des conseils à une personne de savoir, et qui a vu le monde. » L'auteur du dictionnaire prend l'exemple de cette pièce pour illustrer sa définition. Philibert Joseph Le Roux, *Dictionnaire comique, satyrique, critique, burlesque, libre et proverbial* (Amsterdam : Michel Le Cène, 1718), p. 25.
4. « Manière de parler proverbialement, de laquelle on se sert communément lorsqu'on voit un ignorant qui veut donner des conseils, ou censurer ce que fait une personne d'esprit » (Le Roux, *Dictionnaire comique*, p. 146). Le Roux cite cette pièce pour illustrer sa définition. On trouve cette expression dans le conte attribué à La Fontaine, *Gros-Jean et son curé*.
5. Loquace analphabète, le type de Crispin est aussi moralisateur qu'il est fourbe et âpre au gain. Cet illettré plein de verve aime à faire le bel-esprit (voir *Crispin bel esprit* de La Thuillerie), même si son bredouillement caractéristique entache ses beaux discours et tend à lui ôter toute crédibilité. Voir A. Ross Curtis, *Crispin 1er. La Vie et l'œuvre de Raymond Poisson, comédien-poète du XVIIe siècle* (Paris : Klincksieck, 1972).

Scène IX.

Messieurs Le Baron, de La Thuillerie, Raisin, de La Thorillière et Beauval[1]

MONSIEUR DE LA THORILLIÈRE.

Hé bien donc mon enfant, que faut-il faire ?

MONSIEUR LE BARON.

Ce qu'il faut faire, il faut cesser la comédie sitôt que les siffleurs commenceront, ou quand nous remarquerons des gens attachés à nous interrompre : vous verrez ensuite, sans que nous prenions le soin de nous plaindre, que l'on aura celui de nous demander le sujet de cette résolution. Hé quoi ! nous avons eu le malheur de jouer assez souvent devant le roi de mauvaises pièces, et cependant avec une bonté tout extraordinaire il nous a écoutés jusqu'au bout. Qu'il serve au moins de modèle dans ces petites choses, puisqu'on ne peut l'imiter dans les grandes.

MONSIEUR DE LA THORILLIÈRE.

Ce que vous dites est raisonnable, il y va trop de notre intérêt, pour y manquer. Mais allez vite vous préparer, voilà déjà du monde qui vient.

MONSIEUR LE BARON.

Messieurs, je ne pourrais jamais être prêt assez tôt. Je vous prie, Monsieur Raisin, de danser avec Monsieur de la Thorillière ce que vous aviez préparé pour cette pièce nouvelle que l'on n'a pas jouée, et de faire chanter à Mademoiselle... ce qu'elle y devait chanter : cela ne convient point au sujet de ma pièce,[2] mais ce sera seulement pour nous donner le temps de nous habiller.

MONSIEUR RAISIN.

C'est assez, je ferai ce que vous voudrez ; mais vous savez bien que vous trouvâtes vous-même que nous ne dansions pas assez bien pour nous exposer à le faire, et que...

MONSIEUR LE BARON.

Allez, allez, ces Messieurs auront la bonté de vous excuser. La nécessité fait souvent trouver bon ce qui ne serait que médiocre ; on ne regardera point ceci comme une affaire préméditée, et enfin il y a longtemps que l'on sait qu'il nous est défendu de savoir chanter ni danser.[3]

1. Beauval est muet dans cette scène : il est probablement absent.
2. Contrairement aux propos de Baron, la Bergerie qui clôt le prologue en chansons n'est pas entièrement étrangère au sujet de la pièce, transposé dans l'univers de la pastorale : à l'instar de la Marquise du *Rendez-vous*, une bergère y est courtisée par deux hommes mais préfère n'en choisir aucun et renonce au mariage.
3. En avril 1673, une ordonnance royale établissait le privilège exclusif de l'Académie royale de musique, interdisant à toute autre troupe d'utiliser au théâtre plus de deux chanteurs et six musiciens, ou de faire intervenir des danseurs extérieurs à la troupe. En 1682, l'interdiction avait été rappelée aux Comédiens Français. Voir Louis Travenol, *Histoire du théâtre de l'Académie Royale de musique en France, depuis son établissement jusqu'à présent*, 2e édition (Paris : Duchesne, 1757), p. 107.

MONSIEUR RAISIN.

Chargez-vous donc du bon ou du mauvais succès.

MONSIEUR LE BARON.

Je m'en charge. Ah ! voilà justement un de ces messieurs dont je parlais tout à l'heure ; nous allons entendre de belles choses.

Scène X.

Le Marquis, Messieurs Le Baron, Raisin, Beauval,[i] *de La Thorillière et de La Thuillerie.*

LE MARQUIS.

Bonjour, Monsieur Baron.[1]

MONSIEUR LE BARON.

Monsieur, je vous donne le bonsoir.[2]

LE MARQUIS.

Comment vous va ?

MONSIEUR LE BARON.

Fort bien, Monsieur, pour vous servir. (*À part.*)[ii] La peste soit de l'homme.

LE MARQUIS.

Je viens d'un lieu où j'ai bien dit du bien de vous.

MONSIEUR LE BARON.

Je vous suis fort obligé. (*À part.*) Que le diable l'emporte. (*Aux acteurs.*) Ayez un peu soin...

LE MARQUIS.

Vous jouez une pièce nouvelle aujourd'hui ?

MONSIEUR LE BARON.

Oui, Monsieur... N'oubliez pas...

LE MARQUIS.

C'est vous qui l'avez faite ?[3]

---

1. Le marquis s'adresse ici à « Baron » et le mentionne plusieurs fois sous ce nom (au lieu de « Le Baron ») : il réaffirme ainsi sa supériorité sociale puisque, privé d'article, le nom de Baron ne peut plus passer pour un titre de noblesse.
2. Jusqu'à l'intervention de Monsieur Beauval, les premières répliques de cette scène copient presque exactement la scène 2 de *L'Impromptu de Versailles* qui oppose Molière à La Thorillière en « Marquis fâcheux ». Les deux seules variantes sont indiquées en note.
3. On lit dans *L'Impromptu de Versailles* : « C'est le roi qui vous l'a fait faire ? » (scène 2).

MONSIEUR LE BARON.
Oui, Monsieur... De grâce songez...

LE MARQUIS.
Comment l'appelez-vous ?

MONSIEUR LE BARON.
Oui, Monsieur.

LE MARQUIS.
Je vous demande comment vous la nommez.

MONSIEUR LE BARON.
Ah, ma foi, je ne sais... Il faut, s'il vous plaît, que vous...

LE MARQUIS.
Quand commencerez-vous ?

MONSIEUR LE BARON.
Quand le monde sera venu.[1] (*À part.*) Au diantre[2] soit le questionneur.

LE MARQUIS.
La pièce que vous allez jouer est-elle sérieuse ou comique ?

MONSIEUR LE BARON.
Non, Monsieur... Je...

LE MARQUIS.
Sérieuse ?...

MONSIEUR LE BARON.
Non, Monsieur.

LE MARQUIS.
Comique ?

MONSIEUR LE BARON.
Non.

LE MARQUIS.
Comment donc ?

---

1. On lit dans *L'Impromptu de Versailles* : « Quand le roi sera venu » (scène 2).
2. « Diantre. Terme populaire dont se servent ceux qui font scrupule de nommer le diable. Allez au *diantre* » (Furetière, *Dictionnaire universel*).

MONSIEUR LE BARON.

Tenez, Monsieur, je suis le plus ignorant homme du monde ; je ne sais rien de tout ce que vous pouvez me demander, je vous jure. Mais voilà Monsieur Beauval qui vous dira le nom, le sujet, et tout ce que vous voudrez savoir. (*À part.*) J'enrage ; ce bourreau vient avec un air tranquille vous faire cent questions, sans s'informer si l'on a d'autres choses dans la tête. (*Aux acteurs.*) Allons, Messieurs, allons vite nous habiller.

LE MARQUIS.

Monsieur Beauval, avez-vous là du tabac ?

MONSIEUR BEAUVAL.

Monsieur, j'en ai là le meilleur du monde.

LE MARQUIS.

Est-ce du gros ?

MONSIEUR BEAUVAL.

Non, Monsieur, c'est de l'espagnol.[1]

LE MARQUIS.

Fi, il n'est pas bon.

MONSIEUR BEAUVAL.

Monsieur, j'en suis fâché.

LE MARQUIS.

Mais la tabatière me paraît assez jolie.

MONSIEUR BEAUVAL.

C'est une petite tabatière d'or.

LE MARQUIS.

Elle est bien gravée.

MONSIEUR BEAUVAL.

Monsieur, vous répandez tout mon tabac.

LE MARQUIS.

Ah ! oui. Savez-vous bien que votre petit Monsieur Baron fait assez l'entendu ?

MONSIEUR BEAUVAL.

Lui ?

---

1. « Le tabac le plus raffiné est celui de Pongibon, de Malte, d'Espagne » (Furetière, *Dictionnaire universel*).

LE MARQUIS.

Oui, oui, lui ; mais s'il avait ouï dire ce que l'on disait de lui à la cour, il rabattrait de sa fierté.

MONSIEUR BEAUVAL.

Oserais-je vous demander ce que l'on en disait ?

LE MARQUIS.

Qu'il n'était bon que pour la farce ; et si,[1] c'était un des gros seigneurs de la cour[2] qui le disait : mais effectivement ses manières ne me plaisent pas ; il récite comme on parle dans une chambre.[3]

MONSIEUR BEAUVAL.

C'est de quoi je vous assure, tout le monde le loue.

LE MARQUIS.

Ce sont des ignorants, Monsieur Beauval ; mais il y a encore une autre chose : il parle comme on fait aujourd'hui, et ne distingue point un Romain, un Turc, un Grec, ni un Chrétien ; il faut bien que les différents caractères...

MONSIEUR BEAUVAL.

Mais, Monsieur, nous jouons toujours en français.

LE MARQUIS.

J'en demeure d'accord, je le sais bien ; mais encore faut-il montrer, lorsque, par exemple, vous m'entendez bien, Monsieur Beauval, vous avez de l'esprit. Il faut lorsque l'on représente un Grec ou un Romain, quoique l'on parle français, il ne faut pas, dis-je, laisser que de montrer qu'il lui en est resté quelque accent.

MONSIEUR BEAUVAL.

En vérité, Monsieur, cela est admirablement bien dit.[4]

---

1. *Et si* : et pourtant. La locution est vieillie au XVIIe siècle. Voir le *Dictionnaire du français classique. Le XVIIe siècle* (Paris : Larousse, 1988), p. 457.
2. « Gros, signifie quelquefois, riche, ou celui qui paraît l'être. [...] On l'a introduit partout, et c'est un de ces mots contre lequel Monsieur de Callières a tant crié dans son livre des *Mots à la mode*. Il blâme qu'on dise, une *grosse* qualité, une *grosse* distinction [...]. Il soutient que le terme de *gros* est affecté aux choses corporelles dont la grosseur se peut mesurer ; et qu'un *gros seigneur*, ne doit s'entendre que de sa taille, et non pas de son crédit, et de ses richesses » (Furetière, *Dictionnaire universel*, 1701). Le Marquis importun s'exprime à la fois par néologismes et par archaïsmes (voir note précédente).
3. Cette critique rappelle évidemment *L'Impromptu de Versailles*, ainsi que le Mascarille des *Précieuses ridicules* se plaignant des comédiens « qui récitent comme on parle » et ne « savent pas faire ronfler les vers » (scène 12).
4. En renouvelant le jeu théâtral, Baron déplut aux spectateurs habitués à la diction et à la gestuelle emphatiques de Montfleury qui était déjà raillé par Molière dans *L'Impromptu de Versailles*.

LE MARQUIS.

Mais voilà le fin, voilà le fin cela ; et cependant les sots passent légèrement sur ces sortes de choses sans s'y arrêter.

MONSIEUR BEAUVAL.

Je vous assure, Monsieur, que je n'ai jamais rien entendu de si beau. Monsieur, je vous donne le bonjour.

Scène XI.

Le Marquis, Monsieur Beauval, Philiste, Aminte, Cloris.

PHILISTE.

La Crosnier, La Crosnier ?

LE MARQUIS.

Champagne ?

PHILISTE.

La Crosnier ?

LE MARQUIS.

Champagne ?

PHILISTE.

Monsieur, Monsieur Beauval ?

CHAMPAGNE.

Que me voulez-vous ?

MONSIEUR BEAUVAL.

Que souhaitez-vous de moi, Monsieur ?

LE MARQUIS.

Apporte-moi une chaise.

PHILISTE.

Monsieur, je vous demande pardon ; mais voudriez-vous bien nous servir de votre crédit pour être bien placés ?

MONSIEUR BEAUVAL.

Que souhaitez-vous ?

PHILISTE.

J'ai là quatre dames que je voudrais bien voir placées dans quelqu'un de ces balcons.

MONSIEUR BEAUVAL.

Pour des places, il est impossible ; tout est retenu : mais si vous voulez une loge ?

PHILISTE.

Combien faut-il ?

MONSIEUR BEAUVAL.

Quatre louis.[1]

PHILISTE.

Quatre louis !

MONSIEUR BEAUVAL.

Oui, Monsieur.

PHILISTE.

Mesdames, il n'y a point de places, tout est retenu ; nous reviendrons une autre fois.

AMINTE.

Hélas ! est-il possible ?

CLORIS.

Quoi ! nous ne verrions point... Monsieur Beauval, est-il vrai qu'il n'y a plus de places, que tout est retenu ?

MONSIEUR BEAUVAL.

Madame, il est vrai qu'il n'y a plus de places ; mais il reste encore une loge de quatre louis.

PHILISTE.

Hé ! que ne parlez-vous ? est-ce l'argent ? Allons, Mesdames.

MONSIEUR BEAUVAL.

La Crosnier, conduisez ces dames.

LE MARQUIS.

Monsieur Beauval, qui sont ces dames ?

MONSIEUR BEAUVAL.

Monsieur, je ne les connais pas.

LE MARQUIS.

Mais à propos, dites-moi donc comment on nomme la pièce que vous allez jouer ?

---

1. Le tarif est ici approximatif : les registres de la Comédie-Française (voir p. 17) indiquent que ces places sont d'abord vendues 5 livres et 10 sols, puis 3 livres à partir de la quatrième représentation (ce qui est le tarif habituel, celui-ci étant souvent majoré à la création des nouveautés).

MONSIEUR BEAUVAL.
Monsieur, on la nomme *Le Coquet trompé*.

LE MARQUIS.
Le Coquet trompé ? J'ai quelque idée de cela. Une pièce où il y a... j'en ai ouï parler, où il y a de beaux vers.

MONSIEUR BEAUVAL.
Non, Monsieur, elle est en prose.

LE MARQUIS.
Hé oui, de la prose en vers, c'est ce que je voulais dire.[1] Mais enfin c'est Baron qui l'a faite ?

MONSIEUR BEAUVAL.
Oui, Monsieur.

LE MARQUIS.
Justement. Vraiment je suis ici bien à propos ; sans cela notre amie était prise pour dupe. Il y a bien de l'imprudence de son côté, elle devait au moins me faire avertir ; car il pouvait fort bien arriver que je l'eusse trouvée belle, et je l'aurais louée comme un sot. Ah parbleu ! l'auteur et les acteurs n'ont qu'à bien se tenir ; vous allez voir beau jeu.[2]

MONSIEUR BEAUVAL.
Comment donc, Monsieur ?

LE MARQUIS.
Comment ! On avait prié ce petit vilain-là d'en faire une lecture chez cette personne dont je vous parle, qui est une femme de qualité : il l'avait promis, et ne l'a point fait : mais on lui apprendra...[3]

MONSIEUR BEAUVAL.
Hé, Monsieur, faut-il que pour si peu de choses... Monsieur, s'il ne vous reste nulle bonté pour lui, ayez de la considération pour toute notre compagnie, je vous en conjure.

---

1. On pense ici au Monsieur Jourdain du *Bourgeois gentilhomme* qui ne souhaite écrire son compliment ni en prose ni en vers (II, 4).
2. « On dit aussi par manière de menace, *Vous verrez beau jeu*, pour dire, je vous en ferai repentir » (Furetière, *Dictionnaire universel*).
3. On pense ici au Mascarille des *Précieuses ridicules* qui applaudit aux pièces nouvelles « à condition que les auteurs viennent [les] lire, pour [...] engager à les trouver belles, et leur donner de la réputation » (scène 12). Cet épisode résonne curieusement, par anticipation, avec celui que Baron aurait connu vingt ans plus tard pour la création des *Adelphes* et qui aurait inspiré Poinsinet dans sa comédie du *Cercle*. Voir Jean Marie Bernard Clément et Joseph de La Porte, *Anecdotes dramatiques*, 2 vol. (Paris : Veuve Duchesne, 1775), I, p. 17.

LE MARQUIS.

Mon pauvre Monsieur Beauval, j'ai toute l'estime...

MONSIEUR BEAUVAL.

Je vous suis obligé.

LE MARQUIS.

J'ai toute la considération...

MONSIEUR BEAUVAL.

Monsieur, je vous remercie.

LE MARQUIS.

Qu'on puisse avoir pour vous...

MONSIEUR BEAUVAL.

Vous me faites trop d'honneur.

LE MARQUIS.

Et je vous le prouverai...

MONSIEUR BEAUVAL.

Ah ! Monsieur, c'en est trop.

LE MARQUIS.

En toute autre occasion que celle-ci. Je suis fâché de ne pouvoir faire ce que vous souhaitez ; mais j'ai donné ma parole : car enfin vous jugez bien que sans cela il me serait fort indifférent que l'on la trouvât bonne ou mauvaise. Premièrement moi, je ne viens point ici pour écouter, j'y viens seulement pour y trouver du monde. Écouter une comédie ! cela n'est pas du bel air ; si cela est bon au parterre.[1] Ah, ah ! Cléante, te voilà donc ici aujourd'hui ?

Scène XII.

Le Marquis, Cléante.

CLÉANTE.

Vous voyez.

LE MARQUIS.

Quel parti prendrez-vous dans la pièce qu'on va jouer ?

CLÉANTE.

Quel parti !

---

1. Les places du parterre sont les moins chères et les plus populaires.

LE MARQUIS.
Oui, la trouverez-vous bonne ou mauvaise ?

CLÉANTE.
Parbleu, voilà une plaisante question !

LE MARQUIS.
Pas si plaisante que vous croyez.

CLÉANTE.
Mais je la trouverai belle, si elle est belle ; et mauvaise, si elle est mauvaise.

LE MARQUIS.
Voilà un grand sorcier, que de juger d'une comédie quand on l'a vue ! Il ne faut pas être bien habile pour cela, je ne connais personne qui n'en fît bien autant. Mais pour agir en habile homme, il faut faire comme moi qui la trouve détestable, et morbleu du dernier détestable, sans en avoir vu la moindre chose.

CLÉANTE.
Je vous avoue que je n'ai pas vos lumières.

LE MARQUIS.
Cléante, sans nous amuser ici à la bagatelle, je te prie d'en faire autant que moi, de ne pardonner pas à la moindre chose ; bon ou mauvais, n'importe, il faut attaquer tout.

CLÉANTE.
Dieu me garde de suivre de pareils avis. Bien éloigné de les prendre, je vous jure que si j'avais à pencher de quelque côté, j'aimerais mieux louer ce qui ne serait que médiocre, que de blâmer ce qui serait bon.

LE MARQUIS.
Seigneur Aristote, toute votre philosophie ne servira de rien. Et les auteurs à qui le siècle fait injustice, et qui ne manqueront point de se trouver ici, ces Messieurs, dis-je, et moi, nous ferons tant de bruit, qu'on n'entendra ni tes applaudissements, ni toi, ni tes acteurs.

CLÉANTE.
Je vous en empêcherai, car je me vais mettre tout seul au fond de quelque loge.

LE MARQUIS.
Tu n'y gagneras rien, nous te suivrons partout.

Scène XIII.

Le Marquis, Cléante, Monsieur Beauval.

MONSIEUR BEAUVAL.

Messieurs, asseyez-vous, s'il vous plaît.

LE MARQUIS.

Va-t-on commencer ?

MONSIEUR BEAUVAL.

Monsieur, on va danser et chanter une petite bergerie,[1] en attendant que les acteurs soient prêts.

CLÉANTE.

Adieu, Marquis.

LE MARQUIS.

Je te suis.

Scène XIV.

Premier berger, Second berger, Une bergère.

PREMIER BERGER.

Choisissez parmi nous celui qui mérite le mieux vos faveurs ; mais, bergère, ne nous faites point languir davantage.

SECOND BERGER.

Hé quoi ! ne trouvez-vous point de berger parmi nous qui méritât le nom de votre époux.

LA BERGÈRE.

Ne me tenez plus ce langage,
Je serai toujours avec vous ;
Mais si vous craignez mon courroux,
Ne parlez plus de mariage.
À mon âge rien n'est si doux
Que les plaisirs charmants,
De souffrir des amants
Sans choisir un époux.

---

1. Baron suit Molière qui emprunte à l'univers pastoral plusieurs intermèdes et divertissements, depuis *Les Fâcheux* jusqu'au *Malade imaginaire*. La désinvolture avec laquelle il introduit cette bergerie, en soulignant l'invraisemblance de ce divertissement sans rapport avec le sujet, rappelle la distance ironique que Molière réserve à ces morceaux d'inspiration pastorale, notamment dans *Le Bourgeois gentilhomme* (I, 2).

PREMIER BERGER.

Quel plaisir prenez-vous à voir des malheureux ?

SECOND BERGER.

Ah bergère ! la jeune Iris...

LA BERGÈRE.

La jeune Iris m'a rendue sage :
Les bergers de ce village
Ne lui parlaient que d'amour ;
Tous s'empressaient à lui faire la cour.
Elle a cessé d'être cruelle,
Elle a fait un choix,
On ne la trouve plus si belle,
Et ces bergers qui vivaient sous ses lois
L'abandonnent tous à la fois.

Fin du prologue

Le Rendez-vous des Tuileries
ou
Le Coquet trompé

Comédie

ACTEURS

MAÎTRE MICHAUT, *Suisse.*
LA VERDURE.
LA MONTAGNE.[1] } *Laquais.*
LA FLEUR.
LA VIOLETTE, *Laquais du Vicomte.*
DUMONT, *Grison de la Marquise.*
LE VICOMTE, *Amant de la Marquise.*
ÉRASTE, *Amant de la Marquise.*
DORANTE, *Amant de la Comtesse.*
MONSIEUR DARCY, *Écuyer de la maison.*
ARDOUIN.
ARCHAMBAUT. } *Joueurs.*
LE MARQUIS DE MESSIN.
LE CHEVALIER DE FONTEVIEUX.
LA MARQUISE.
LA COMTESSE.
DU LAURIER, *Femme de chambre de la Marquise.*
MADAME ARGANTE.
LE VENDEUR D'EAU-DE-VIE.
BENVILLE, *Maître à danser.*

La scène est dans une salle basse[2] de la maison de la Marquise.

---

1. Cette liste d'acteurs omet, dans toutes les éditions, d'annoncer la présence d'un dernier laquais, au service de la Marquise. Il ne prononce que quelques répliques (I, 3 ; II, 1 et 14). À l'acte II scène 10, il apparaît sous le nom de Picard.
2. *Salle basse*, située au rez-de-chaussée.

ACTE I

Scène première.

*Un vendeur d'eau-de-vie, La Montagne, La Fleur,
La Verdure, Le Suisse endormis*

LE SUISSE.

Ah, ah, ah !

LE VENDEUR.

Eau-de-vie, vie. Noix confites, eau-de-vie, vie.[1]

LE SUISSE.

De l'eau-de-vie ! parbleu, je vais me réjouir le cœur.

LE VENDEUR.

Hé le voilà, le voilà le traiteur, eau-de-vie, vie, noix confites ; allons vite, allons vite.

LE SUISSE.

Hai, hai, brandevin ;[2] hé apporte-moi de l'eau-de-vie.

LE VENDEUR.

Qui est là ? qui m'appelle ?

LE SUISSE.

Viens ici.

LE VENDEUR.

Est-ce à vous ?

LE SUISSE.

Hé, entre donc.

LE VENDEUR.

Vous m'avez pensé faire répandre toute ma marchandise.

---

1. Les crieurs d'eau-de-vie parcouraient les rues avant l'aube pour vendre leur alcool aux gens du peuple qui commençaient leur journée de travail. Notant qu'ils ont l'habitude d'interrompre le profond sommeil des riverains, Scarron en parle comme de « la plus importune engeance qui soit dans la république humaine » (*Le Roman comique*, troisième partie, chapitre deux).
2. « Brandevin. C'est de l'eau-de-vie » (Furetière, *Dictionnaire universel*).

LE SUISSE.
Je voudrais t'avoir rompu la tête. Il y a deux heures que je t'appelle.

LE VENDEUR.
Qu'y a-t-il pour votre service ?

LE SUISSE.
Donnez-moi...

LE VENDEUR.
Du rossolis.[1]

LE SUISSE.
Non, je veux...

LE VENDEUR.
Des noix confites ?

LE SUISSE.
Non. Versez-moi...

LE VENDEUR.
De l'hypothèque,[2] du brandevin, de l'eau-de-vie.

LE SUISSE.
Tiens, voilà pour toi, moi je ne veux point tant de questions.

LE VENDEUR.
Il n'entend non plus de raison qu'un Suisse.[3]

LE SUISSE.
Tu fais le railleur : attends-moi.

LE VENDEUR.
Oh ! jarni, n'y venez pas.

LE SUISSE.
Ah ! tu fais le méchant ? Tiens, tiens, garde-moi bien cela.

---

1. « *Rossolis*, se prend communément pour une liqueur agréable qu'on sert à la fin du repas, qui aide à la digestion. Elle est composée d'eau-de-vie brûlée, de sucre, de cannelle, et quelquefois parfumée » (Furetière, *Dictionnaire universel*).
2. « On appelle aussi *hypothèque*, une eau-de-vie assaisonnée avec des cerises, et quelques aromates, qui commencent à être en usage parmi le beau monde » (Furetière, *Dictionnaire universel*).
3. « *N'entendre non plus raison qu'un Suisse*. Manière de parler qui est passée en proverbe, qui dit autant qu'être stupide, brutal, farouche, sévère, qui ne parle qu'avec brutalité, qui rebiffe tout le monde, qui est sauvage, et qui n'entend ni rime ni raison. » L'auteur du dictionnaire cite cette réplique pour illustrer sa définition (Le Roux, *Dictionnaire comique*, p. 486).

LE VENDEUR.

Au secours, je suis mort.

LA MONTAGNE *s'éveillant.*

On y va : on y va. Me voilà, Monsieur, me voilà, me voilà. Mon flambeau... Ah bon : ma canne, je la tiens. Porteurs, allons, allons, vite, voilà Monsieur. Où allumerai-je mon flambeau ? Ah voici de quoi... Ah... ah... Maître Michaut, ouvrez la porte. *Il s'endort.*

LE SUISSE.

Bon le voilà par terre.

LE VENDEUR.

Je n'en puis plus.

LA FLEUR.

La Verdure, hai...

LE VENDEUR.

La Fleur, allons, debout, voilà Monsieur.

LA FLEUR.

Lève-toi donc, te dis-je.

LA MONTAGNE.

On y va.

LE VENDEUR.

Ah ! j'ai la tête cassée.

LE SUISSE.

Allons hé, apporte-moi de l'eau-de-vie.

LA MONTAGNE.

De l'eau-de-vie.

LA FLEUR.

De l'eau-de-vie ! Parbleu j'en suis.

LE VENDEUR.

De l'eau-de-vie. Apporte, apporte, j'en boirai bien aussi.

LA MONTAGNE.

Ah Dieu vous garde ! Maître Michaut.

LE SUISSE.

Bonjour La Montagne.

LA FLEUR.

Serviteur maître Michaut.

LE SUISSE.

Serviteur.

LE VENDEUR.

Je salue maître Michaut.

LE SUISSE.

Oh serviteur à tous.

LE VENDEUR.

Joue-t-on encore là-haut ?

LE SUISSE.

Non, ils ont tous quitté à six heures du matin.

LA FLEUR.

Où sont nos maîtres ?

LE SUISSE.

Le vôtre[i] est allé à Versailles. Pour le vôtre je ne sais ce qu'il est devenu ; il est sorti fort chagrin.

LE VENDEUR.

Sans doute qu'il avait perdu son argent.

LA MONTAGNE.

Que ne nous appeliez-vous ?

LE SUISSE.

Aussi ai-je fait ! mais, diable-zot,[1] point de nouvelles, vous dormiez ; et par ma foi, je n'étais guère plus éveillé que vous.

LE VENDEUR.

Messieurs, voulez-vous boire ou non ? Je ne gagne rien à demeurer ici.

LE SUISSE.

Allons, donne, mais surtout plus de questions. Buvez, Monsieur de La Montagne.

LA MONTAGNE.

Après vous.

LE SUISSE.

Je ne boirai pas le premier. La Verdure, tu es le plus près, commence.

1. D'après Furetière, l'interjection *diable-zot* est destinée « à des hâbleurs, pour montrer qu'on ne croit rien de ce qu'ils disent » (*Dictionnaire universel*). Le mot est attesté jusqu'au XIXe siècle comme interjection ayant pour fonction d'appuyer vivement une déclaration.

LA VERDURE.

Tiens, La Fleur.

LA FLEUR.

Tu le tiens, c'est pour toi.

LE VENDEUR.

Oh Messieurs, prenez, en voilà pour trois.

LA MONTAGNE *en buvant.*

Par ma foi, voici une étrange vie. Jouer la nuit, dormir le jour. Enfin...

LE VENDEUR.

Dépêchez-vous, je n'ai pas le loisir d'attendre.

LE SUISSE.

Que te faut-il ?

LA MONTAGNE.

Cela est fait.

LA FLEUR.

Je veux payer.

LA VERDURE.

Ce sera moi.

LE SUISSE.

Ce sera moi.

LA MONTAGNE.

Point du tout.

LA VERDURE.

Laissez-moi donc.

LA FLEUR.

Non, vous dis-je.

LA MONTAGNE.

Oh bien, pour nous accorder tous, jouons à la moure[1] à qui paiera.

---

1. « Le jeu de la *moure*, en usage surtout en Italie parmi la canaille. Ce jeu leur a passé des anciens Romains qui l'appelaient *micatio digitorum* [...]. L'un des joueurs qui tient le poing fermé, l'ouvre subitement en étendant plus ou moins de doigts, dont l'adversaire doit dans le même temps dire le nombre ; s'il le rencontre par hasard, il gagne » (L'Abbé de Sauvages, *Dictionnaire languedocien-français*, Nouvelle édition, 2 vol., Nîmes : M. Gaude, 1785, II, p. 91). Ce jeu est évoqué par Rabelais dans *Pantagruel* où les pages jouent à la moure (livre IV, chapitre 14).

LA FLEUR.

Cela est fait.

LA VERDURE.

Je le veux.

LA FLEUR.

Maître Michaut, commençons vous et moi.

LA MONTAGNE.

À nous deux, La Verdure.

LA VERDURE.

Ça j'y suis.

LA MONTAGNE ET LA VERDURE.	LE SUISSE[i] ET LA FLEUR.
Trei	Nove
Quatre	Touti
Chinque	Otto
Touti	Sei
Sei	Quatro
Dou.	Nove
	Touti.[1]

Scène II

Monsieur Darcy, Le Suisse, La Montagne, La Fleur,
La Verdure, Le vendeur d'eau-de-vie

MONSIEUR DARCY *derrière le théâtre.*

Qu'est-ce que j'entends là-bas ?

LE SUISSE.

Paix, paix, j'entends notre écuyer.

LA MONTAGNE ET LA VERDURE.	LE SUISSE[ii] ET LA FLEUR.
Parlons bas. Recommençons.	Jouons plus doucement, et nous aussi.
Chinque	Quatre
Dou	Quatre
Trei	Dou
Sept	Dou
	Dou.

---

1. Le jeu de la moure étant d'origine italienne, on comprend qu'il soit joué dans cette langue qui s'en rapproche.

LA MONTAGNE.
J'en ai deux.   Sept

LA VERDURE.
Tu n'en as qu'un.   Otto
                                           Nove

LA MONTAGNE.
J'en ai deux.   Touti
                                           Touti

LA VERDURE.
Tu n'en as qu'un te dis-je.   Touti.

MONSIEUR DARCY.
Messieurs les coquins, si je me lève, vous vous en repentirez.

LE SUISSE.
Mordy Messieurs, prenez donc garde à ce que vous faites.

LA MONTAGNE.
Vous avez raison. C'est lui aussi qui me vient chicaner.

LA VERDURE.
J'avais raison.

LA MONTAGNE.
Point du tout.

LA VERDURE.
Viens, je le quitte, la tricherie en reviendra à son maître.[1]

LE SUISSE.
Surtout qu'on ne nous entende point.

LA MONTAGNE ET LA VERDURE.	LE SUISSE[i] ET LA FLEUR.
Dou	Sept
Quatre	Otto
Nove	Nove
Chinque	Nove
Trei	Tout

---

1. « On dit proverbialement d'un trompeur qui a été dupe de ses propres inventions, *tricherie revient à son maître* » (*Dictionnaire de l'Académie Française*, cinquième édition, Paris, Smits, 1798, II, p. 693).

LE SUISSE.

Tout   Oh Monsieur de La Fleur, vous avez
Quatre   joué de l'épinette.[1]
Quatre
Quatre

LA FLEUR.

Quatro   Cela n'est point.

LE SUISSE.

Quatre   Jugez-nous.

LA FLEUR.

Toutti   Je n'ai que faire de juge.
Chinque
Nove

LE SUISSE.

Trei   Je ne paierai point.
Trei
Quatre

LA FLEUR.

Quatre.   Ni moi non plus.

LE SUISSE.

Ni moi.

MONSIEUR DARCY.

Un, dou, trei, quatre. *Les frappant.*

LA MONTAGNE.

Monsieur.

MONSIEUR DARCY.

Coquin.

LA FLEUR.

Ah ! je suis mort.

MONSIEUR DARCY.

Maraud.

LE SUISSE.

Monsieur, je suis de la maison.

---

1. « *Jouer des épinettes*. Pour friponner, tromper, tricher ». L'auteur du dictionnaire cite cet extrait pour illustrer sa définition (Le Roux, *Dictionnaire comique*, p. 283).

MONSIEUR DARCY.
Je t'en donnerai davantage.

LE VENDEUR D'EAU-DE-VIE.
Monsieur, je n'en suis pas.

MONSIEUR DARCY.
Tant pis pour toi.

LA MONTAGNE.
Maître Michaut, ouvrez la porte.

LE SUISSE.
Je ne saurais trouver le trou.

LA FLEUR.
Dépêchez-vous.

LE SUISSE.
J'enrage.

LA VERDURE.
Maître Michaut, ne perdons pas le jugement.

LE SUISSE.
Sauvons-nous.

MONSIEUR DARCY.
Ah Messieurs les coquins, je vous apprendrai à faire du bruit. Mais qu'est-ce ci j'entends quelqu'un descendre : serait-ce Madame ? Elle doit aller à la campagne aujourd'hui, je vais voir si les chevaux sont au carrosse.

Scène III.

La Marquise, La Comtesse, Un laquais, Du Laurier.[i]

LA COMTESSE.
Pourquoi descendez-vous, belle Marquise ?

LA MARQUISE.
Pour être avec vous plus longtemps, Comtesse.

LA COMTESSE.
Ah mon Dieu ! Qu'on serait contente si vous trouviez avec les autres, le même plaisir que l'on prend avec vous ! Et qu'il serait charmant qu'après avoir été quatorze heures de suite avec vous, vous souhaitassiez que l'on y demeurât davantage.

LA MARQUISE.

Croyez-moi, je voudrais toujours être avec vous.

LA COMTESSE.

Vous m'allez donner une vanité insupportable.

LA MARQUISE.

Prenez-la donc ; mais dites-moi, pourquoi, je vous prie, mes empressements vous étonnent-ils si fort ?

LA COMTESSE.

Vous vous trompez, Marquise, ils ne m'étonnent point. Je suis seulement surprise de les voir durer si longtemps.

LA MARQUISE.

Vous ai-je donné en ma vie quelques marques...

LA COMTESSE.

Mon Dieu, l'on sait assez qu'en tout la nouveauté ne vous déplaît pas.

LA MARQUISE.

En vérité vous mériteriez que je vous fisse dire vrai.

LA COMTESSE.

Adieu, ma chère Marquise ; il est temps de se retirer : il n'est que quatre heures, Madame, cela ne vaut pas la peine d'en parler ; mais vraiment c'est se moquer, il est presque jour, et de plus je ne vois point mes gens, mon équipage n'est point ici.

DU LAURIER.

Hé ! Ne vous souvenez-vous point, Madame, que vous fîtes dire hier à votre cocher[i] qu'il ne revînt point ; que vous coucheriez ici afin d'aller aujourd'hui plus matin à la campagne ; hé bien, par ma foi vous aviez raison. Vous n'avez pas été longtemps à vous habiller, vous serez bientôt prête, vous n'avez qu'à partir.

LA MARQUISE.

En vérité, Madame, je l'avais oublié.

LA COMTESSE.

J'ai fait la même chose aussi.

DU LAURIER.

Les bonnes têtes que voilà ! Une bonne vie ! Par ma foi, Madame, c'est se moquer de mettre comme cela tout le monde sur les dents.[1] Trois nuits sans se coucher, cela n'est-il pas beau ? Si vous saviez aussi les belles choses que cela fait dire de vous ; si vous entendiez...

---

1. « On dit aussi, qu'on est sur les dents, que le grand travail a mis quelqu'un sur les dents, pour dire, qu'il est las et fatigué, qu'il n'en peut plus » (Furetière, *Dictionnaire universel*).

LA COMTESSE.

Du Laurier est en colère.[1]

DU LAURIER.

Hé ! Qui n'y serait pas, Madame ? Il y a trois jours que je ne me déshabille point.

LE LAQUAIS, *à la Marquise.*

Madame, fera-t-on avancer le carrosse ?

LA MARQUISE.

Non, qu'on ôte les chevaux, je ne sortirai point. Mais, Du Laurier, je t'en conjure, dis-moi un peu ce que l'on dit de nous.

DU LAURIER.

Écoutez, il ne faudrait pas trop m'en presser.

LA COMTESSE.

Hé je t'en prie ?

DU LAURIER.

Oh vraiment, je sais que les dames de votre caractère se mettent fort peu en peine de la manière dont on parle d'elles ; que ce soit en bien ou en mal : pourvu que l'on en parle, cela suffit. Les hommes aujourd'hui gardent bien plus de mesures ; ils tâchent de sauver les apparences au moins : mais vous autres, vos plaisirs ne seraient point parfaits si tout le monde n'en était instruit, et si vous n'y faisiez penser quatre fois plus de mal qu'il n'y en a. Hé mort de ma vie ! Que ne jouez-vous le jour, et que ne dormez-vous la nuit ? Vous faites tout le contraire ; hé croyez-vous que vos domestiques (j'entends ceux qui sont affectionnés comme moi), croyez-vous, dis-je, qu'il leur soit agréable d'entendre le lendemain blâmer votre conduite par ceux qui ne mènent point un train de vie pareil au vôtre, et qui ne conçoivent point qu'il y ait une espèce de gens dans Paris à qui le soleil fasse peur ? Croyez-vous enfin qu'ils pensent que c'est pour prier Dieu que vous passez chez vous les nuits avec des hommes ? Qu'il soit honnête de les voir entrer et sortir à toute heure ? Ces gens ne disent point que ces Messieurs n'y viennent que pour jouer au lansquenet ;[2] mais ils disent que vous ne jouez le lansquenet que pour y faire venir ces Messieurs ; et enfin, Madame, je vous l'ai déjà dit, vos domestiques n'y peuvent plus résister, la plus grande partie veut quitter. Encore

---

1. Dans le prologue, la Beauval, probable interprète de Du Laurier, avait déjà offert au public le spectacle de ses emportements.
2. « Jeu de cartes fort commun dans les académies de jeu, et parmi les laquais. On y donne à chacun une carte, sur laquelle on couche ce qu'on veut ; et si celui qui a la main en tirant les cartes amène la sienne, il perd, s'il amène quelqu'une des autres, il gagne » (Furetière, *Dictionnaire universel*). Le jeu se pratique entre un « banquier » et des « pontes » (Élisabeth Belmas, *Jouer autrefois. Essai sur le jeu dans la France moderne. XVIe–XVIIIe siècle*, Paris : Champ Vallon, 2006, p. 404).

dans le temps qu'on leur laissait le profit des cartes,¹ passe : il est vrai que l'on fournissait la bougie, le foin, l'avoine et la paille ; mais baste, on ne laissait pas que de s'y sauver encore. Mais je ne sais quel mauvais exemple vous suivez aujourd'hui, et tout à fait indigne d'une personne de qualité comme vous ; vous ne nous en laissez, Dieu merci, pas la moindre...

LA MARQUISE.

Ah Du Laurier ! voici donc l'enclouure.² Si tu ne nous avais point parlé des cartes, ta morale aurait pu faire quelque effet ; mais à présent...

DU LAURIER.

Oui, oui, raillez, croyez-vous que vous en serez mieux ? Il faudra bien tâcher de s'en revancher d'ailleurs.

LA COMTESSE.

Mais, Madame, au lieu de nous amuser ici, ne ferions-nous pas mieux de nous aller coucher ?

LA MARQUISE.

Hé, Madame, ne rentrons pas encore, je vous prie. Après avoir eu le nez sur des cartes ; après avoir demeuré si longtemps sur une chaise, je trouve un plaisir sensible à prendre l'air que je respire ici.

LA COMTESSE.

Restons-y tant qu'il vous plaira, je le veux bien.

DU LAURIER.

Et moi aussi ; mais trouvez bon, moi, que j'aille respirer sur une chaise, où je ne serai pas longtemps sans dormir ; vous me réveillerez, quand vous aurez besoin de moi.

LA MARQUISE.

Je le veux bien, mais faites éveiller Dumont, et lui dites qu'il me vienne parler tout à l'heure.

---

1. « Les valets disent qu'ils ont des *profits* en une maison, pour dire, qu'outre leurs gages ils ménagent quelque chose du jeu, ou des habits du maître, qui leur apportent quelque gain » (Furetière, *Dictionnaire universel*).
2. « Enclouure, signifie figurément tout obstacle qui empêche la réussite d'une affaire » (Furetière, *Dictionnaire universel*).

Scène IV.

La Comtesse, La Marquise.

LA COMTESSE.
En vérité, Marquise, confessez de bonne foi que Du Laurier n'a pas tout à fait tort ; que les exemples de plusieurs de nos bonnes amies ne nous justifient point, et qu'enfin un peu d'ordre dans la vie pourrait n'en pas diminuer les plaisirs.

LA MARQUISE.
Ma chère Comtesse, que vous me parlez bien en femme qui voudrait encore vivre sous les lois d'un époux ! Je ne suivrai pas votre exemple si je puis, et ce doit être assez d'avoir été mariée une fois pour ne vouloir plus l'être.

LA COMTESSE.
Je ne vous cèle point que si certaines choses arrivaient...

LA MARQUISE.
Je vous entends : c'est-à-dire, que vous épouseriez Dorante si votre oncle mourait.

LA COMTESSE.
Mais croyez-vous qu'il soit permis de faire de semblables jugements ?

LA MARQUISE.
Ne laissez donc point penser ce que vous ne voulez pas qu'on vous dise.

LA COMTESSE.
Je serais au désespoir que Dorante eût d'aussi bons yeux que vous.

LA MARQUISE.
Les personnes intéressées sont pourtant d'ordinaire plus pénétrantes que les autres dans ce qui les regarde. Hé croyez-moi, la première fois que je m'aperçus que Dorante ne vous était pas indifférent, il devait déjà savoir que vous l'aimiez.

LA COMTESSE.
Là-dessus vous croirez tout ce qu'il vous plaira. Ces choses sont si éloignées ; le peu de bien qu'il a, l'entêtement de mon oncle pour les grandes alliances, sont des obstacles si puissants...

LA MARQUISE.
La tendresse vient à bout de tout.

LA COMTESSE.
Si la tendresse est si puissante, comment vous trouvez-vous assez forte pour y résister, jusques à jurer que vous ne vous remarierez jamais ?

LA MARQUISE.

Voulez-vous que je vous le dise en un mot ? C'est que le seul homme du monde qui m'aurait pu tourner la cervelle là-dessus, se trouve pour le moins aussi coquet que je suis coquette. Je ne m'accommode point du tout de cela, et je veux l'être seule.

LA COMTESSE.

Cet heureux mortel qui vous plaît plus qu'un autre, c'est Éraste sans doute.

LA MARQUISE.

Je ne ferai pas comme vous, et je vous avouerai de bonne foi que c'est lui-même.

LA COMTESSE.

Mais sur quoi fondez-vous le jugement que vous faites d'Éraste ?

LA MARQUISE.

Je ne suis, croyez-moi, que trop bien informée. Je lui ai défendu de voir Dorimène, il la voit tous les jours, ou du moins je le crois ; car je ne puis plus m'assurer sur mes grisons,[1] il les a tous mis en défaut.[2] Il est dans une perpétuelle défiance qu'on ne le suive, et pour empêcher qu'il ne soit suivi, il entre tantôt dans une maison qui a deux issues ; il laisse sa chaise à la porte par où il entre d'abord ; il sort par une autre, d'où il va ensuite où il lui plaît. Lorsqu'il revient, il reprend ses porteurs à la première porte, et mes grisons sont pris pour dupes.

Scène V.

La Marquise, La Comtesse, Dumont.[i]

DUMONT.

Qu'est-ce donc qu'il y a de si pressé, Madame ? Tenez, Madame, voyez-vous, si vous ne me laissez dormir tout mon saoul, je quitterai le métier.

LA MARQUISE.

Tu iras te recoucher dans un moment.

DUMONT.

Mais, me répondrez-vous que je dormirai aussi bien que je faisais tout à l'heure ?

---

1. « *Grison*, [...] espion qu'on envoie ou aposte pour épier quelqu'un, ou découvrir quelque chose. » L'auteur du dictionnaire cite Baron pour illustrer sa définition (Le Roux, *Dictionnaire comique*, p. 252). Les gens de la haute société faisaient prendre à leur valet une espèce d'uniforme gris quand ils étaient chargés de messages amoureux, afin que la couleur de leurs habits ne puisse pas indiquer aux yeux de tous de quelle maison ils venaient.
2. « En termes de chasse, on dit que les chiens sont en *défaut*, quand ils ont perdu la piste de la bête qu'ils chassent » (Furetière, *Dictionnaire universel*).

LA MARQUISE.

Non, mais je te réponds d'un bon soufflet, si tu ne m'écoutes : as-tu trouvé un homme inconnu, pour cette lettre dont je t'ai parlé ?

DUMONT.

Oui.

LA MARQUISE.

L'a-t-il rendue ?

DUMONT.

Oui.

LA MARQUISE.

À elle-même ?

DUMONT.

Oui.

LA MARQUISE.

Qu'a-t-elle dit ?

DUMONT.

Oui.

LA MARQUISE.

Qu'a-t-elle répondu ? tu dors.

DUMONT.

Elle a répondu que vous me laissiez aller dormir, s'il vous plaît.

LA MARQUISE.

Coquin.

LA COMTESSE.

Laissez-le en repos, Madame ; en l'état où il est, vous n'en tireriez pas une parole de bon sens. Va te coucher, Dumont.

DUMONT.

Je vais donc rachever mon songe.

Scène VI.

La Marquise, La Comtesse.

LA COMTESSE.

C'est quelque piège sans doute, que vous voulez tendre à ce pauvre Éraste.

LA MARQUISE.

Vous l'avez deviné, et d'une nature...

LA COMTESSE.
Vous en savez beaucoup.

LA MARQUISE.
Rien n'est plus difficile à tromper qu'une coquette. Hé croyez-moi aujourd'hui, je le convaincrai d'une manière qu'il ne pourra pas s'en défendre.

LA COMTESSE.
Et comment ferez-vous ?

LA MARQUISE.
Dorimène a reçu une lettre aujourd'hui d'une personne inconnue, et cette personne inconnue, c'est moi. Je lui écris que pour s'assurer Éraste entièrement, si elle croit qu'il ait quelque tendresse pour moi, il est aisé de lui faire voir mon attachement pour un autre que lui ; que j'ai des rendez-vous tous les jours, où, si l'on veut, il sera aisé de me surprendre.

LA COMTESSE.
Je ne vois pas bien quelle est la fin de cette entreprise.

LA MARQUISE.
Le dénouement vous éclaircira du reste.

LA COMTESSE.
Mais que voulez-vous faire du Vicomte qui vous aime à la folie, et qui vient chez vous tous les jours ?

LA MARQUISE.
M'en divertir comme j'ai fait jusqu'ici, c'est le seul bon parti qui me reste dans la nécessité où je me trouve de le souffrir continuellement. La liberté que la perte de mon mari m'a fait recouvrer, ne m'a pas mise plus que vous à l'abri des persécutions de ma famille. On me laisse volontiers disposer des petites choses ; mais pour le mariage, si je ne passe sur les bienséances que j'ai gardées jusques ici, il faudra que je l'épouse : ce sont leurs sentiments. Mais si je ne puis venir à bout de les en faire changer, j'espère que le Vicomte changera : il me paraît déjà bien rebuté de mes manières.

LA COMTESSE.
Il est vrai que vous le traitez d'une sorte qui me fait appréhender que dans ce siècle où la politesse pour les dames n'est pas dans son éclat, il ne vous fasse quelque brusquerie, lui qui parmi les plus brutaux est le plus brutal homme que j'aie jamais vu.

LA MARQUISE.
Il est vrai que c'est un homme d'un caractère incomparable. Il tire des avantages de tout. Il s'était d'abord mis en tête que je l'aimais, parce que je ne l'avais point

chassé de chez moi, et commençait déjà à étendre son empire jusques à m'imposer de ne voir plus de certaines gens que j'aime sans comparaison mieux que lui : mais sa jalousie pour mon maître à danser...

LA COMTESSE.

Ma foi, Marquise, pour le maître à danser, si j'étais votre amant, et heureux, je ne le souffrirais pas longtemps...

LA MARQUISE.

Ma foi, il vaut mieux que tous tant qu'ils sont. Il est bien fait, il sait vivre, et je vous jure qu'il a beaucoup d'esprit. Dernièrement en présence du Vicomte, en me montrant la manière dont il fallait tenir mes bras, il me mit une lettre dans les mains, et cette lettre s'est trouvée, s'il vous plaît, une déclaration d'amour dans les formes. Je m'en doutai d'abord ;[1] mais n'en étant pas assurée, je ne pus point lui dire là-dessus ce qu'il était bon de lui dire. D'ailleurs, le Vicomte qui était là n'eût pas peut-être pris la chose d'un bon biais, et je crus que pour le coup il fallait mieux me taire.

LA COMTESSE.

Franchement, quand il n'y aurait pas été, la curiosité eût tenu la place du Vicomte ; mais dites-moi, trouvez-vous que notre conversation n'ait pas été assez longue, et ne serait-il point temps de nous aller jeter sur un lit ?

LA MARQUISE.

Voulez-vous que je fasse mettre les chevaux au carrosse, et que nous allions courir par Paris : nous ferons relever Dorante, et puis nous nous moquerons de lui.

LA COMTESSE.

Non en vérité, Madame, je veux aller dormir, je n'en puis plus.

LA MARQUISE.

Quoi ! Se coucher si tôt ?

LA COMTESSE.

Il est vrai que cela crie vengeance. Allons, Madame, je vous prie.

LA MARQUISE.

Allons donc, laquais, des flambeaux, éclairez.

---

1. *D'abord* : aussitôt.

Scène VII.

Dorante, Éraste, La Comtesse, La Marquise.

LA MARQUISE.

Mais que vois-je ? Éraste ?

LA COMTESSE.

Dorante ?

DORANTE.

En vérité, Mesdames, voici une exactitude qu'on ne peut assez admirer. Des dames ne se point faire attendre !

LA MARQUISE.

Ah, ah, ah, ah !

ÉRASTE.

Que veut donc dire ceci, Madame, pourquoi riez-vous ?

LA MARQUISE.

Comtessse ? Ah, ah, ah, ah !

DORANTE.

Madame, n'aurais-je point une meilleure réponse ?

LA COMTESSE.

Dorante, nous allons nous coucher. Nous avons passé la nuit à jouer, et nous ne sommes point en état de partir. Adieu, venez donc, Marquise.

ÉRASTE.

Hé bien, Dorante, n'avais-je pas raison, quand je vous ai dit qu'elles n'iraient point à la campagne ?

LA MARQUISE.

Quand avez-vous parlé si juste, Éraste ?

ÉRASTE.

Tout à l'heure Madame. Dorante a passé chez moi pour me prendre.

LA MARQUISE.

Vous l'attendiez tranquillement.

ÉRASTE.

Madame ?

LA COMTESSE.

Hé Madame, que cherchez-vous ?

LA MARQUISE.

Je n'aurais rien cherché, Madame, si Éraste le premier était allé prendre Dorante.

ÉRASTE.

Mais ! Quoi toujours...

DORANTE.[i]

En vérité, Madame, c'est un peu vite.

LA MARQUISE.

Adieu, Dorante.

LA MARQUISE.

Adieu.

Scène VIII.

Éraste, Dorante.

ÉRASTE.

Que puis-je donc penser de ce que je vois ?

DORANTE.

Que vous ménagez fort mal l'esprit de la Marquise.

ÉRASTE.

Que toutes ces formalités commencent à me lasser ! En vérité je ne voudrais point de fortune à ce prix, tout gueux que je suis : je préfère ma liberté au chagrin d'essuyer de semblables caprices, et peut-être en pourrais-je trouver quelqu'une qui ne serait pas si difficile, si je n'aimais aussi ardemment que je fais.

DORANTE.

Mon cher Éraste, cette confiance t'abusera, c'est sur elle que ta négligence se fonde, tu te rends avare de tes soins ; tu n'étudies point assez les personnes à qui tu veux plaire, et tout cela ne vient que pour vouloir entretenir trop d'affaires à la fois. Je suis votre ami dès longtemps, et je sais assez tout ce que vous faites, pour pouvoir vous parler comme je fais. La Marquise est adroite, elle vous aime, elle est jalouse, et ne sera pas longtemps sans découvrir votre commerce avec Dorimène.

ÉRASTE.

N'étant su que de vous Dorante, je suis bien sûr qu'avec les soins que j'y prendrai, la Marquise ne soupçonnera rien. Enfin je ne puis pas faire autrement. Je ne suis pas riche, je veux rétablir mes affaires, et malgré mon amour je ne le puis qu'en me mariant.

DORANTE.

Et voulez-vous à la fois épouser la Marquise et Dorimène ?

ÉRASTE.

Non, mais je veux ménager Dorimène, en cas que la Marquise me refuse.

DORANTE.

Vous vous y tromperez. Mais st,[1] retirons-nous, je vois ce fou de Vicomte.

Scène IX.

Le Vicomte, Monsieur Darcy, La Violette.

LE VICOMTE.

Ah qu'est-ce ceci donc ? Déjà partis ? Monsieur Darcy ? Hola, Monsieur Darcy, Monsieur Darcy ?

MONSIEUR DARCY.

Monsieur ?

LE VICOMTE.

Hai ! La Violette, La Violette ?

LA VIOLETTE.

Monsieur ?

LE VICOMTE.

Hé bien, Monsieur Darcy, on va donc à la campagne sans moi ?

MONSIEUR DARCY.

Monsieur...

LE VICOMTE.

Comment vous portez-vous ? on ne songe guère à moi ici. Mettez-là votre main. Mais je leur apprendrai... Qu'a-t-on fait cette nuit ? a-t-on joué ? qu'il faut traiter les gens. Qui est venu ici ? autrement qu'on ne fait. Vous avez là une belle perruque. Je suis las d'en souffrir. Quelle heure est-il ? on me pousse un peu trop. Que dites-vous ? hein ? plaît-il ? ne perdons point de temps. N'a-t-on point envoyé chez moi ? Il faut que je les cherche. On n'avait garde de me mettre de la partie... que je les trouve. Le maître à danser en est, en quelque endroit qu'ils soient je les découvrirai.

MONSIEUR DARCY.

Monsieur, ils ont passé la nuit.

---

1. *St* : onomatopée pour « chut ».

LE VICOMTE.

La Violette, hai La Violette, morbleu va seller un cheval. Monsieur Darcy, j'enrage, faites-moi un plaisir, à moi. Va voir s'il n'y a point de lettres à la poste. Tête bleue, que vous disais-je tout à l'heure ? hai, mon tailleur m'a-t-il apporté un habit ? Me traiter de la sorte ! Hem, que dites-vous de ceci. Ils verront ce que c'est. As-tu ma tabatière ? que se jouer. Ai-je un laquais là ?

MONSIEUR DARCY.

Malepeste du fou !

LE VICOMTE.

Tu ne me réponds pas.

LA VIOLETTE.

Votre tabatière est à la porte, votre laquais est... que diable.

LE VICOMTE.

Va seller mon cheval.

Fin du premier acte.

ACTE II

Scène première.

Du Laurier, Un laquais.

DU LAURIER.
Picard, dites bien au portier que Madame n'y est point pour qui que ce soit.

LE LAQUAIS.
C'est assez.

DU LAURIER.
Allez ensuite voir si son bouillon est prêt.

LE LAQUAIS.[i]
Comment donc, est-ce qu'on ne dînera pas bientôt ?

DU LAURIER.
Va-t-en, raisonneur, et fais vite ce que l'on te dit.

LE LAQUAIS.
J'aurais pourtant bien plus d'envie de manger que de raisonner.

Scène II.

Éraste, Du Laurier.

DU LAURIER.
Hé comment donc, vous voilà ici ?

ÉRASTE.
Oui, m'y voilà assurément. Où est Madame ?

DU LAURIER.
Elle vient de sortir tout à l'heure.

ÉRASTE.
Je viens de voir son carrosse dans l'autre cour.

DU LAURIER.
Elle est sortie en chaise, à cause d'un mal de tête qu'elle croyait avoir.

ÉRASTE.
Assurément ?

DU LAURIER.

Assurément. Mais à propos elle est fort fâchée contre vous.

ÉRASTE.

J'ai peut-être plus lieu d'être fâché contre elle. Mais laissons là mes sujets de chagrin, et m'apprends ceux que je lui ai donnés.

DU LAURIER.

Oh vraiment oui ! Hé le moyen que je vous le dise ? Ma foi, tout cela est trop savant pour moi. Que vous dirai-je ? Vous vous êtes levé le dernier, vous n'avez pas été chez Dorante le premier : enfin que diantre sais-je ? J'étais si endormie, que je ne comprenais rien à toutes ces délicatesses ; pour les entendre comme elle, il faut être bien éveillée, au moins.

ÉRASTE.

Du Laurier, elle impose des lois qu'elle n'observe pas.[i]

DU LAURIER.

Écoutez, je ne cherche pas trop à la défendre ; et comme nous autres malheureuses nous ne trouvons à nous venger de leurs mauvaises humeurs, qu'en disant tout bas d'elles ce qu'elles disent tout haut de nous, croyez que je ne manquerais pas une si belle occasion de déchirer sa réputation, si je trouvais par où le faire : mais ma foi la chose serait trop difficile. Que peut-on dire d'elle ? Qu'elle se lève quand les autres se couchent, et par conséquent qu'elle dîne lorsque les autres soupent ; qu'elle n'a pas la plus grande régularité du monde à payer ses gens, ni les autres ; qu'elle n'aime personne ; qu'elle est ravie que tout le monde l'aime ; qu'elle ne peut souffrir que l'on loue quelqu'une devant elle ; qu'elle est coquette, injuste, railleuse, avare, médisante. Mais enfin vous voyez que de semblables bagatelles n'autorisent point un amant aujourd'hui à rompre avec sa maîtresse, ou bien il faudrait que les messieurs cherchassent un autre climat où les dames fussent autrement qu'elles ne sont ici.

ÉRASTE.

Je te ferai voir avant qu'il soit vingt-quatre heures, que ta maîtresse a des qualités que tu ne lui connais pas encore ; qu'elle sait donner des rendez-vous, et qu'aujourd'hui à cinq heures elle se doit rendre aux Tuileries dans l'allée des Soupirs.[1] Je te prie, ne parle point de ce que je te dis ; je t'en ai fait connaître plus que je ne voulais : tu m'ôterais le plaisir de la convaincre, et tu te priverais de celui d'être persuadée de tout ce que tu viens d'entendre.

DU LAURIER.

Oh, Monsieur, ne craignez rien, je sais ce qu'il faut taire ; et si tout le monde n'était assez instruit de tout ce que je vous ai dit de ma maîtresse, je serais encore à en ouvrir la bouche.

---

1. Certains endroits retirés dans le jardin des Tuileries étaient propices aux rendez-vous amoureux. On suppose que l'allée des Soupirs en faisait partie.

ÉRASTE.

Adieu.

DU LAURIER.

Monsieur, je suis votre servante.

Scène III.

DU LAURIER *seule*.[i]

C'est un terrible noviciat pour un jeune homme que d'aimer ma maîtresse. Il faudrait qu'il en sût beaucoup, s'il n'apprenait rien avec elle. Pour moi, il m'est impossible de concevoir comment elle peut faire tant de choses à la fois, et comment tant d'ordre peut s'accorder avec tant de désordre. Le temps qu'elle a été sans dormir, ne l'a pas empêché ce matin d'envoyer un grison après Éraste, pour voir ce qu'il deviendrait. Elle m'a demandé déjà plus de quatre fois depuis un quart d'heure qu'elle est levée, s'il n'était point revenu. Mais le voici tout à propos.

Scène IV.

Dumont, Du Laurier.

DU LAURIER.

Hé bien, Dumont, quelle nouvelle ?

DUMONT.

Ah ma foi pour le coup Éraste est pris pour dupe : je sais tout ce qu'il a fait aujourd'hui ; il croyait m'attraper comme à son ordinaire, lorsque laissant ses porteurs à une porte, et sortant par une autre... Mais je vais en instruire Madame ; il est juste qu'elle sache tout ceci avant toi.

DU LAURIER.

Demeure, je la vois qui descend.

Scène V.

La Marquise, Dumont, Du Laurier.

LA MARQUISE.

Dumont, qu'est-ce ? n'as-tu point mieux fait que les autres fois ? Auras-tu pris, comme tu dis toujours, bien des peines en vain, et n'auras-tu rien à me dire de plus positif ?

DUMONT.

Oh pour le coup, Madame, je crois que vous serez contente de moi ; et par ma foi j'ai aujourd'hui été plus fin qu'Éraste : à sept heures du matin à sa porte, pour ne le point manquer ; à neuf heures j'en ai vu sortir son laquais, et je me suis avisé de le suivre au lieu du maître, ce qui m'a assez bien réussi. Il est venu prendre des porteurs sur la place, à qui il a dit d'aller trouver son maître à son logis. Il ne les a point suivis, ni moi non plus. Il a été ensuite dans une autre place arrêter d'autres porteurs, qu'il a suivis et moi aussi. Nous avons tous attendu de compagnie qu'Éraste, qu'ils attendaient, les soit venu prendre. Il est arrivé par une de ces maisons qui ont deux issues ; il a apparemment laissé les premiers porteurs à la première porte, et s'est mis en chemin avec ceux-ci. Nous étions pour lors au faubourg Saint-Germain, d'où nous avons enfilé le Pont-Neuf ; de là à la Croix du Trahoir,[i] où nous avons eu beaucoup de peine à passer, à cause d'un de mes amis à qui on faisait faire pénitence pour de petits larcins, à quoi il se divertissait la nuit : ensuite nous avons gagné par la rue des Prouvaires,[1] puis par ces petites rues qui sont vers l'Hôtel de Bourgogne :[2] attendez, je ne me souviens plus du chemin que nous avons tenu. Revenons au Pont-Neuf, je vous mènerai par un chemin bien plus court.

LA MARQUISE.

Ah ! Finis, je t'en prie, je n'ai que faire du chemin : sais-tu seulement le quartier, la rue, le nom de la personne chez qui il a été ?

DUMONT.

Hé ! Que diantre ne parlez-vous ? C'est là justement ce que j'ai le mieux retenu, le quartier... Pour le quartier, n'importe ; mais la rue, c'est... Ouais, où diable est donc ma mémoire ? Je voudrais bien aussi avoir oublié le nom de la personne : oh ! pour celui-là, je le tiens. C'est... attendez, Madame, je reconnaîtrai bien le visage du crocheteur[3] qui me l'a dit, si je le rencontre.

1. Il faut comprendre que l'ami de Dumont est en train de subir quelque supplice et qu'une foule importante est réunie sur cette place où l'on rouait et mutilait les condamnés : « Le carrefour en T formé par la rencontre des rues Saint-Honoré et de l'Arbre-Sec est l'ancienne *place de la Croix-du-Trahoir* [ou du Tiroir]. [...] Une potence fut longtemps dressée sur cette place est c'est, peut-être, cet "arbre sec" qui donna son nom à l'une des rues qui y aboutissaient » (Jacques Hillairet, *Dictionnaire historique des rues de Paris*, 10e édition, Paris : Les Éditions de minuit, 1997, p. 423).
2. L'Hôtel de Bourgogne, qui hébergeait les Comédiens Italiens, était situé approximativement entre les actuelles rues Mauconseil et Montorgueil, c'est-à-dire que, tout en étant très proche des Halles, le grand centre commercial de la capitale, il est déjà assez décentré par rapport aux quartiers élégants de Paris où a commencé l'itinéraire de Dumont. On trouve de semblables traversées de Paris dans les pièces de Hauteroche par exemple (voir *Le Souper mal apprêté*, scène 1, ou encore *La Dame invisible*, acte I scène 1).
3. « Crocheteur. Qui crochète des portes, des serrures. [...] Se dit aussi par extension, des gens de basse condition qui font des choses indignes des honnêtes gens » (Furetière, *Dictionnaire universel*).

LA MARQUISE.
Ôte-toi d'ici, maraud, tu ne seras jamais bon à rien.

DU LAURIER.
Mais Éraste, Madame, vient de sortir d'ici.

LA MARQUISE.
Hé que vous a-t-il dit ?

DU LAURIER.
Qu'il avait bien plus de sujet d'être fâché contre vous, que vous n'aviez de l'être contre lui ; car je lui ai dit que vous étiez fort en colère. Il venait pour voir si vous étiez au logis, plus que pour vous voir, à ce qu'il m'a paru.

LA MARQUISE.
Ne t'a-t-il rien dit davantage ?

DU LAURIER.
Pardonnez-moi, mais je me suis engagé de n'en point parler.

LA MARQUISE.
Je voudrais bien voir en vérité que vous me celassiez quelque chose, à moi. Oh ! je vous prie, moi, de ne pas tarder davantage à m'en instruire.

DU LAURIER.
Mais, Madame, s'il vient à savoir que je vous ai découvert ce qu'il m'avait prié de vous taire, il ne manquera pas, pour se venger de vous, (car les hommes sont si méchants !) il ne manquera pas, dis-je, d'inventer mille faussetés. Que sais-je, s'il vous allait dire que j'ai mal parlé de vous ?

LA MARQUISE.
Je ne le croirai point ; mais dépêchez-vous de m'apprendre ce que je veux savoir.

DU LAURIER.
Mais, Madame, il ne m'a pas bien expliqué la chose ; il m'a seulement parlé d'un rendez-vous des Tuileries, de l'allée des Soupirs.

LA MARQUISE.
En voilà plus que je n'en voulais savoir. Là, Du Laurier, ne perdons point de temps : prenez un de mes habits, chaussez-vous le plus haut que vous pourrez ; vous êtes presque aussi grande et aussi menue que moi : prenez une écharpe, un loup.

DU LAURIER.
Pourquoi donc tout cela, Madame ?

LA MARQUISE.

Vous le saurez. (*À Dumont.*)[i] Approche ici, misérable, je te défie de rien gâter ; car tu n'auras qu'à te taire. Va-t-en au plus vite à la friperie : cherche-moi un justaucorps[1] doré, une perruque, des gants ; enfin mets-toi le plus proprement que tu pourras.

DUMONT.

Madame, je n'ai que faire d'aller à la friperie pour cela : j'ai un valet de chambre de mes amis qui me donnera toute mon affaire.

LA MARQUISE.

Ces habits te seront-ils propres ?

DUMONT.

Ce seront les habits de son maître qu'il me donnera ; nous sommes tous deux à peu près de même taille, c'est l'homme du monde le mieux fait.

LA MARQUISE.

Va donc, et ne t'amuse point.[2]

DUMONT.

Je suis ici dans un moment.

Scène VI.

La Marquise, Du Laurier.

LA MARQUISE.

Du Laurier, il n'y a point de temps à perdre : dépêchez-vous de faire ce que je vous ai dit.

DU LAURIER.

Je serai prête en un moment.

LA MARQUISE.

Vous ne sauriez l'être trop promptement.

---

1. « *Justaucorps*. Espèce de veste qui va jusqu'aux genoux, qui serre le corps, et montre la taille. Depuis quelque temps la mode est venue que chacun va en *justaucorps* » (Furetière, *Dictionnaire universel*).
2. « *Amuser*. Arrêter quelqu'un, lui faire perdre le temps inutilement » (Furetière, *Dictionnaire universel*).

Scène VII.

La Comtesse, La Marquise.

LA COMTESSE.

Je ne vous croyais pas seule ici, Madame : je m'étais amusée à écrire là-haut quelques lettres, que j'aurais bien remises à une autre fois.

LA MARQUISE.

Et moi, Madame, j'aurais été vous retrouver, si l'on ne m'eût dit que vous étiez empêchée : mais finissons ces compliments, je vous prie, et songeons un peu à ce que... À quoi passerons-nous cette après-dînée ?[1] Que voulez-vous que nous devenions, Madame ?

LA COMTESSE.

Qui ? Moi, Madame ? Ne savez-vous pas que je suis toujours d'accord de tout ?

LA MARQUISE.

Tant pis, car vous ôtez continuellement le plaisir que l'on aurait à vous marquer quelque complaisance ; et je crois qu'à tout cela il y a plus d'orgueil que de mérite. Vous voulez que l'on vous doive tout, et vous ne voulez rien devoir aux autres.

LA COMTESSE.

Oh ! Vraiment, vous me croyez bien plus habile que je ne suis.

LA MARQUISE.

Pour montrer que cela n'est pas tout-à-fait comme je le dis, prononcez donc aujourd'hui à quoi nous passerons l'après-dînée.

LA COMTESSE.

Voulez-vous que nous fassions quelques visites ? Allons voir cette bonne Madame Argante qui vient ici jouer tous les jours.

LA MARQUISE.

Qui ? Cette folle ? Ah mon Dieu, non.

LA COMTESSE.

Allons chez Isabelle.

LA MARQUISE.

Encore pis.

LA COMTESSE.

Allons... Ah ! Qu'est-ce que je vois ! Du Laurier, quel équipage est-ce ceci ?

---

1. « *Après-dînée*. La seconde partie du jour que l'on compte depuis midi » (Furetière, *Dictionnaire universel*).

Scène VIII.

La Marquise, La Comtesse, Du Laurier, Dumont.

DU LAURIER.

J'en suis tout aussi savante que vous.

LA MARQUISE.

Bon, voilà qui va bien.

LA COMTESSE.

Ne pourrai-je savoir...

LA MARQUISE.

Vous saurez seulement que ce sont là des suites de la lettre dont je vous ai parlé ce matin.

LA COMTESSE.

Je meurs d'envie de voir la fin de tout ceci. Ah justes dieux ! C'est bien pis : Monsieur Dumont ! Il entre donc dans ce mystère ?

LA MARQUISE.

C'est notre premier acteur. Oh ça, sans nous amuser davantage, écoutez tous deux en deux mots tout ce que vous avez à faire. Prenez chacun une chaise, vous par un chemin, vous par un autre : rendez-vous tous deux dans l'allée des Soupirs, aux Tuileries. (*À Dumont.*)[i] Tu n'as point de manteau ?

DUMONT.

Vous ne m'avez point dit d'en prendre un.

LA MARQUISE.

Je te le dis donc. Enveloppe-toi le visage dedans ; et vous, ne vous démasquez point. Il n'est pas mal de laisser voir quelquefois le bas de ton justaucorps : ne cachez pas non plus votre robe de chambre.[1] Quand vous aurez fait seulement un tour ou deux dans l'allée, vous sortirez par la porte de la terrasse, où vous trouverez un carrosse ; vous monterez dedans, vous ferez quelques tours par la ville, et puis vous reviendrez ici.

DU LAURIER.

Reposez-vous sur moi, tout cela sera comme vous l'avez dit.

---

1. Le port de la robe de chambre avait été remis à la mode par Madame de Montespan (James Robinson Planché, *Cyclopædia of costume or Dictionary of Dress*, 2 vol., Londres : Chatto and Windus, 1879, II, p. 258). D'après Boursault dans *Les Mots à la mode* (1694), cette parure nonchalante, du bel usage dans le monde, se faisait appeler « innocente ». Le choix d'un tel vêtement a probablement pour effet de suggérer une intimité supposée entre Dumont et Du Laurier.

LA MARQUISE.

Écoutez au moins : si par hasard Éraste n'était pas aux Tuileries, demeurez-y plus longtemps que je ne vous ai dit ; car il est absolument nécessaire qu'il vous voie.

DU LAURIER.

Je n'y aurais pas manqué, Madame.

LA MARQUISE.

Adieu donc, allez vous-en.

Scène IX.

La Marquise, La Comtesse.

LA MARQUISE.

Hé bien, Madame, enfin que ferons-nous ?

LA COMTESSE.

Pour la seconde fois, tout ce que vous voudrez. Vous ne voulez point faire de visites ?

LA MARQUISE.

Le beau régal !

LA COMTESSE.

Voulez-vous venir à l'Opéra ?

LA MARQUISE.

Ah, dieu m'en garde ! Il me fatigue à mourir : au moins, je ne dis cela qu'à vous ; car ce serait un crime d'en dire autant dans le monde. Je sais qu'il est du bel air de faire l'adorateur de la musique ; et je sais un de nos bons amis âgé de soixante ans, qui dernièrement me vint dire très sérieusement que dans peu il espérait savoir solfier. Pour moi, quoique fort jeune l'on m'ait bercée de musique, que l'on me l'ait fait apprendre avec soin, je vous jure que je n'ai pu, aux dépens du bon sens et de la raison, entendre tous ces héros me parler de leurs malheurs en chantant.[1]

LA COMTESSE.

Oh ! finissons cette matière ; nous entrerions dans une dissertation d'où nous ne sortirions pas aisément. Dites-moi, la Comédie-Italienne vous plaît-elle mieux ?

---

1. L'opéra est alors un genre à la mode qui fait l'objet de nombreuses critiques sur les scènes du théâtre parlé. On raille l'opéra notamment pour l'invraisemblance qui consiste à faire chanter les personnages en continu, ce qui fait tourner la cervelle aux « toqués d'opéra » (voir *Les Opéra* de Saint-Evremond ou *Les Fous divertissants* de Raymond Poisson). Les critiques formulées par la Marquise à l'encontre de la Comédie-Italienne et de la Comédie-Française sont tout aussi stéréotypées.

LA MARQUISE.
Il faudrait être folle ; il n'y a ni rime ni raison à tout ce qu'ils font.

LA COMTESSE.
Et les Français ?

LA MARQUISE.
Selon. Il y a bien des choses à dire là dessus ; ils ont si peu de bons auteurs, et l'on sait les pièces de Corneille et de Racine par cœur.

LA COMTESSE.
Oh bien, Madame, demeurez donc chez vous, puisque vous ne prenez de plaisir en aucun endroit.

Scène X.

La Comtesse, La Marquise, Picard.[i]

PICARD.
Madame, voilà un Monsieur le Marquis dont le nom est difficile comme tout, à qui on a dit que vous n'y étiez pas ; s'il en vient quelque autre, voulez-vous qu'on dise toujours de même ?

LA MARQUISE.
Non : à présent que l'on laisse entrer tout le monde.

LA COMTESSE.
Je vois bien que nous allons passer le reste de la journée à jouer, à notre ordinaire, au lansquenet.

LA MARQUISE.
Oui, pourvu qu'il nous vienne du monde.

LA COMTESSE.
Ah ! vous êtes bien sûre de n'en pas manquer.

LA MARQUISE.
Je répondrais bien de Dorante.

LA COMTESSE.
Et moi d'Éraste.

LA MARQUISE.
Pas tant que vous croyez ; il a bien des affaires à présent. Hé bien ! Que vous avais-je dit ? N'entends-je pas Dorante ?

Scène XI.

La Marquise, La Comtesse, Dorante.

DORANTE.

Oui, Madame, c'est moi. Voici un de vos adorateurs qui me suit, votre maître à danser.

LA MARQUISE.

En vérité, Dorante, vous êtes fou. Ne vous avisez pas d'aller faire ces mauvaises plaisanteries-là par la ville ; cela me fâcherait.

DORANTE.

Quoi, Madame, vous appréhenderiez qu'on ne crût...

LA MARQUISE.

Hé mon dieu ! L'on croit tous les jours des choses bien plus impossibles.

Scène XII.

La Marquise, La Comtesse, Dorante, Benville.

BENVILLE.

Madame, je vous donne le bonjour.

LA COMTESSE.

Ah ! Monsieur de Benville, vous avez du dessein aujourd'hui. Quelle magnificence, Madame ! Le beau nœud d'épée ![1] Cela vient de chez Le Gras, ou de chez L'Aigu.[2]

BENVILLE.

Madame, je ne sais pas où l'on l'a pris, je n'en achète jamais.[3]

LA COMTESSE.

Mais, Madame, regardez donc, que les rubans en sont bien choisis : il est sans doute fait par les mains de l'Amour.

1. « En termes de marchands de modes, on appelle [...] *nœud d'épée*, un ruban à un bout duquel on a fait un nœud à quatre, et que l'on tourne à l'autre bout autour de la branche de l'épée » (*Le Grand Vocabulaire français*, réimpression de la seconde édition de Paris par une Société de Gens de Lettres [1767-1774], 30 vol., Genève : Slatkine reprints, 2005, tome XIX, p. 158).
2. L'Aigu était marchand rue Saint-Honoré : selon le bottin du XVIIe siècle qu'est le *Livre commode des adresses de Paris pour 1692* par Nicolas de Blegny, il achetait, vendait et troquait des « tableaux, meubles de la Chine, porcelaines, cristaux, coquillages et autres curiosités et bijouteries ». Le Gras est aussi un brocanteur à la mode, nommé conjointement à L'Aigu par l'abbé Bordelon dans son *Livre à la mode* en 1696 (voir l'édition critique du *Livre commode* par Édouard Fournier, Paris, Paul Daffis, 1878, Tome I, p. 237, note 4).
3. Il faut comprendre que Benville se les fait offrir par ses nombreuses prétendantes.

BENVILLE.
Madame...

LA MARQUISE.
Hé bien, Monsieur de Benville, danserons-nous aujourd'hui ?

BENVILLE.
Madame, nous ferons tout ce qu'il vous plaira.

LA MARQUISE.
En vérité je ne suis guère en humeur de danser, mais il faut se forcer ; car si je ne dansais pas, je vois bien qu'il se fâcherait. Allons, Monsieur.

BENVILLE.
Que voulez-vous danser, Madame ?

LA MARQUISE.
Ah ! je vous prie, rien que le menuet.

BENVILLE.
Allons donc, dansons un menuet. La, la, la, la, la, la, la, la, la, que n'aimez-vous ta lera, ta la, la, etc. Il y a trop d'indifférence dans vos manières, Madame, la, la, la, la, la, la, la, la, la, la, la, la, la, la, etc. Regardez-moi un peu, Madame, comme si vous dansiez avec quelqu'un qui ne vous déplût pas. La, la, la, la, la, la, la, la, etc. Vos yeux ne sont point assez tendres, Madame.[1]

LA COMTESSE.
Comment donc, Monsieur ! a-t-on besoin de tendresse dans les yeux pour bien danser ?

BENVILLE.
Madame, on ne danse que pour plaire, et des yeux qui ne disent mot font rarement parler des cœurs. La, la, la, la, la, la, la, la, etc. Allons, Madame, souvenez-vous de ce que je vous dis. Regardez-moi comme je vous regarde. La, la, la, la, la, la, etc.

LA MARQUISE.
Oh ! En voilà assez pour aujourd'hui.

---

1. Cette leçon de danse, qui rappelle le duo des *Précieuses ridicules* unissant Mascarille à Magdelon (scène 12), rejoue la leçon que le maître à danser inflige à Monsieur Jourdain dans *Le Bourgeois gentilhomme* (II, 1). L'identification de la musique utilisée pour cette scène est discutée dans la notice musique (p. 131–32).

DORANTE.

Mais, Monsieur, il me semble que vous ne lui avez parlé que d'yeux, que de tendresses, que de cœurs ; et vous ne vous attachiez point, comme les autres font, à ses bras, à ses jambes, aux mouvements de son corps.[1]

BENVILLE.

Le cœur est le maître de tous les autres mouvements, et j'ai remarqué toute ma vie que les personnes qui savent bien aimer, dansent mieux que les autres.

LA COMTESSE.

Oh pour cela non, s'il vous plaît ; et j'en ai vu qui pour aimer leur maître même, n'en dansaient toutefois pas mieux.

Scène XIII.

La Marquise, La Comtesse, Le Vicomte, Dorante, Benville.

LE VICOMTE.

Ah, ah, voici bonne compagnie. Madame, je vous donne le bonsoir. Hé laquais, bonjour Dorante, remène mon cheval. Hé voilà aussi mon petit maître à danser ; courage, Madame, cela va fort bien. Je vous avais prié, Madame ; vraiment mon petit ami je vous apprendrai... Vertubleu, qu'est-ce que tout ceci, il n'y manque plus qu'Éraste, il se fait bien attendre aujourd'hui. Madame avec votre permission, laquais fais-moi monter un de mes gens.

LA MARQUISE.

Benville, allez vous-en, ne vous exposez point aux brusqueries de ce fou.

BENVILLE.

Adieu, Madame.

Scène XIV.

La Marquise, La Comtesse, Le Vicomte, Dorante, Un laquais.[i]

LA MARQUISE.

En vérité, Monsieur le Vicomte, savez-vous que je suis fort lasse de toutes vos extravagances, et que vous m'obligeriez à la fin de vous faire quelque compliment qui ne vous plairait pas. De quel droit, s'il vous plaît, venez-vous ici vous plaindre des choses que l'on fait ? Si quelque chose vous y gêne, il est si aisé de vous en délivrer.

---

1. C'est notamment le cas du maître à danser de Monsieur Jourdain, qui reprend son élève sur la position de sa jambe, de sa tête et de son corps, ainsi que sur le mouvement de ses épaules, de ses deux bras et de la pointe de son pied.

DORANTE.
Je suis ravi qu'elle ait eu la force de lui parler une fois comme elle doit.

LA COMTESSE.
Il ne s'attendait pas à un pareil compliment.

LE VICOMTE.
Madame, Madame, ne poussez pas les choses si avant, et ne commencez pas la première. Il est vrai que je sens pour vous ; mais enfin la considération que votre famille a pour moi, vous allez vous promener... Non, n'ayez point peur que je m'en prévale, je vais vous chercher : j'ai défendu plus de vingt fois à ce petit fat de maître à danser... Enfin je ne vous ai pu joindre... S'il lui arrive jamais...

LA MARQUISE.
Et moi, je veux qu'il y soit tous les jours. Vraiment je vous trouve encore bien plaisant. Mais finissons un peu tout cela, je vous prie, et ne donnons point la comédie à toute la ville.

LE VICOMTE.
Cela est fait ; Madame, ce petit insolent, je vous en réponds, je me tairai.

LA MARQUISE.
Vous m'obligerez.

UN LAQUAIS.
Le Marquis de Messin, et le Chevalier de Fontevieux : Madame, fera-t-on entrer ?

LA MARQUISE.
Ah grand dieu ! Qui m'amène ici ces extravagants ?

DORANTE.
En vérité, Madame, j'ai oublié de vous dire qu'ils me prièrent hier instamment de vous obliger à souffrir qu'ils vinssent vous faire la révérence, et jouer chez vous au lansquenet.

LA MARQUISE.
Écoutez, Dorante, pour l'amour de vous je le veux bien. Qu'ils entrent, mais ils vont faire ici cent extravagances.

DORANTE.
Madame, ce sont de jeunes gens de la cour à quoi il est bon de ne pas prendre garde.

Scène XV.

Le Marquis, Le Chevalier, Le Vicomte, La Marquise, La Comtesse, Dorante.

LE MARQUIS.
Madame, que j'ai d'obligation à Dorante, je vous assure qu'il y a mille ans que je souhaitais le bonheur qui m'arrive aujourd'hui.

LA MARQUISE.
Monsieur, vous n'aviez besoin de personne pour cela, et votre nom suffit pour vous faire ouvrir toutes les portes.

LE CHEVALIER.
Pour moi, Madame, en vérité, je vois bien que je connais trop que de l'heure qu'il est, il serait difficile, ou pour mieux dire presque impossible, et je vous le dis de tout mon cœur ; car enfin on vous a dit le premier ce que je pensais avant personne du monde.

LA MARQUISE.
Messieurs, en vérité, il n'y a rien de mieux dit, de mieux fait, rien n'est si charmant que toutes vos manières ; mais les beaux discours m'épouvantent.

LE CHEVALIER.
Oh pour le coup, Madame, il faut l'avouer tout net, cela saute aux yeux ; et de l'heure qu'il est tout le monde connaîtra, tout le monde verra que vous êtes dans votre tort ; si les beaux discours vous épouvantent, je vous le dis de tout mon cœur, vous devriez être épouvantée de tout ce que vous dites.

LA MARQUISE.
Encore, Monsieur, oh j'aime bien mieux Monsieur le Marquis, et je lui suis obligée de ne se pas servir de tout son esprit avec moi.

LE CHEVALIER, *en chantant.*
En lui donnant la préférence, vous me rendez la liberté. Le dépit qui me possède me guérira promptement ; vous en faites mon tourment, et j'en ferai mon remède.[1]

LA MARQUISE.
Comment donc, Monsieur le Chevalier ! Vous m'aimiez donc aussi ?

---

1. Cette réplique est une citation de *Proserpine* (1680) de Quinault et Lully (II, 5). Dans la tragédie-lyrique, ces paroles sont placées dans la bouche d'Ascalaphe, fils du fleuve Achéron et confident de Pluton, amoureux d'Aréthuse et rejeté par elle.

LE CHEVALIER, *en chantant.*

Mon amour paraît trop dans mes transports jaloux ; non je ne puis aimer que vous.[1]

LA COMTESSE.

Comment, Madame, cela est trop joli, une déclaration en musique !

LA MARQUISE.

Oh, Monsieur le Chevalier, vous faites aller les affaires un peu trop vite ; il n'y a plus moyen d'y tenir, cela deviendrait à la fin scandaleux.

LE CHEVALIER, *en chantant.*

Ingrate, écoutez-moi, je ne veux plus me plaindre, je ne vous dirai rien qui vous puisse alarmer.[2]

LE VICOMTE.

Tu ferais bien mieux de te taire ; aussi bien il y a deux heures que tu ne sais ce que tu dis.

LE MARQUIS.

Hé, Chevalier, tu ne vois pas ce vieux fou de Vicomte ? Hé, bonjour, mon pauvre ami, comment te portes-tu ?

LE CHEVALIER.

Hé ! Bonjour, donc mon enfant.

LE VICOMTE.

Allons donc, jeunes gens, point tant de familiarité.

LE MARQUIS.

Madame...

LE VICOMTE.

Soutenez-vous.

LE MARQUIS.

On dit que vous jouez...

LE VICOMTE.

Soutenez-vous.

1. Citation de *Proserpine* (II, 4). Dans la tragédie-lyrique, ces paroles font l'objet d'un *duo* entre Alphée (voix d'homme) et Aréthuse (voix de femme). Ils chantent ces paroles ensemble, qu'ils développent et répètent plusieurs fois, alors qu'ils croient que leur amour n'est pas réciproque. L'annexe reproduit les deux voix, puisque nous ignorons laquelle était chantée par le Chevalier. Il est toutefois probable qu'il chante le rôle d'Alphée comme dans la réplique suivante.
2. Citation de *Proserpine* (II, 4). Dans la tragédie-lyrique, ces paroles sont chantées par Alphée qui croit qu'Aréthuse ne l'aime plus.

LE MARQUIS.
Le plus beau jeu du monde ?

LE VICOMTE.
Soutenez-vous donc.

LE MARQUIS.
Allons donc, vieux fou, tenez-vous bien, je veux demeurer là.

LA MARQUISE.
Ils le choisissent là dans un temps bienheureux.

LE CHEVALIER.
Vicomte, n'est-il pas vrai que je suis bien sage ?

LE VICOMTE.
Ôtez-vous aussi, Chevalier, je suis las, vous ne valez pas mieux qu'un autre.

LE CHEVALIER.
Écoutez, vieux coquin, si vous me faîtes mettre sur vous...

LA MARQUISE.
Sont-ce là les airs de la cour ; car depuis que je suis veuve, j'ai oublié comment on s'y gouverne.

DORANTE.
Ce sont les airs de quelques-uns, Madame, mais il ne serait pas à propos que toute la cour leur ressemblât.

LE VICOMTE.
Chevalier, Marquis, par ma foi quels impertinents sont-ce ci ? Par ma foi, je frapperai sur l'un et sur l'autre.

LE MARQUIS.
Vieux scélérat.

LE VICOMTE.
Petit garçon.

LE CHEVALIER.
Vieil infâme.

LE VICOMTE.
Je le dirai à votre père.

LA COMTESSE.
Il n'y a plus moyen d'y tenir. Allons tirer les places,[1] nous les ferons finir.

1. *Tirer les places* : tirer l'ordre des places pour savoir où chacun doit se placer.

LA MARQUISE.

Allons, Dorante, qui veut jouer ?

LE VICOMTE.

Tenez-vous donc.

Scène XVI.

*Le Marquis, Le Chevalier, Le Vicomte, La Marquise,
La Comtesse, Dorante, Deux joueurs,[1] Madame Argante.*

MADAME ARGANTE.

Hé qu'est-ce, Madame la Marquise ? Vous commencez bien tard aujourd'hui. Voilà les deux plus grands joueurs de Paris, Monsieur d'Archambaut et Monsieur Ardouin, que je vous amène.

LA MARQUISE.

Pour cela, on dit que ces Messieurs jouent leur argent le plus noblement du monde. Combien sommes-nous ? Allons, entrons dans cette salle.

LE MARQUIS.

Entrez, vieux fou.

Fin du deuxième acte.

---

1. Il s'agit probablement d'Ardouin et Archambaut qui réapparaîtront à l'acte III scène 4.

ACTE III

Scène première.

La Marquise, La Comtesse.

LA MARQUISE.
Enfin voilà tout le mystère, puisque vous voulez le savoir ; qu'en dites-vous ?

LA COMTESSE.
Que j'ai grand peur que vous ne vous repentiez d'avoir eu trop d'esprit ! que vous mettez Éraste à une terrible épreuve ! et qu'enfin je crois qu'il serait bien mieux d'ignorer les choses qui ne sauraient que vous donner du déplaisir à apprendre. Que vous importe qu'Éraste voie Dorimène, ou qu'il ne la voie pas ? Pouvez-vous douter qu'il ne vous aime ? N'est-il pas ici tant qu'il vous plaît ? N'a-t-il pas pour vous tous les égards, toutes les complaisances imaginables ? Souhaite-t-il autre chose au monde que de vous épouser ?

LA MARQUISE.
Oh ! pour m'épouser, je suis persuadée qu'il ne cherche autre chose : il a ses raisons pour cela ; mais je voudrais qu'elles ne fussent que de tendresse.

LA COMTESSE.
Vous chercherez tant, que vous trouverez à la fin quelque chose qui vous déplaira.

LA MARQUISE.
Je saurai aujourd'hui assurément tout ce que je veux savoir. S'il ne voit point Dorimène, je l'épouse demain malgré tous les obstacles que ma famille y pourrait mettre. S'il la voit, je ne le verrai de ma vie.

LA COMTESSE.
Cela est bien dur.

LA MARQUISE.
Cela sera comme je vous le dis ; et malgré la tendresse... Car enfin je veux bien vous l'avouer une seconde fois, je l'aime ; et l'inquiétude où je suis à présent, vous découvrirait assez ce que je voudrais vous taire. Mais je ne comprends pas qui peut empêcher Dumont et Du Laurier de revenir ; ils devraient être ici.

LA COMTESSE.
Vous verrez qu'ils auront attendu longtemps aux Tuileries, comme vous leur avez dit, et qu'Éraste n'y sera point venu.

LA MARQUISE.

Plût au ciel ! Mais non, Madame, dites plutôt qu'Éraste aura peut-être fait quelque extravagance : car je le connais. Quand il n'aurait pas pour moi une passion bien violente, sa vanité lui tiendra lieu de tendresse. Il ne peut souffrir qu'on lui dispute quelque chose, et j'appréhende qu'il n'ait insulté ce pauvre Dumont.

LA COMTESSE.

Il a trop de respect pour vous, Madame, et quelque envie qu'il eût d'insulter le Cavalier, la présence de Du Laurier, qu'il croira vous-même, suffit pour arrêter tous ses transports.

LA MARQUISE.

Je suis dans une impatience...

Scène II.

Le Vicomte, La Marquise, La Comtesse.

LE VICOMTE.

Il est impossible de vous trouver seule, Madame.

LA COMTESSE.

Si vous voulez, Monsieur, je me retire.

LE VICOMTE.

Non, non, Madame ; et comme je n'ai rien que de fort raisonnable à lui dire ; est-elle sortie ? non, non demeurez, je ne serai pas fâché que vous l'entendiez.

LA MARQUISE.

Et moi je serai ravie que vous écoutiez tout ce que je lui répondrai.

LE VICOMTE.

Hé bien, Madame, enfin, je puis donc un moment vous parler ?

LA MARQUISE.

Vous pouvez à présent même me parler plus longtemps si vous voulez.

LE VICOMTE.

Vous m'écouterez ?

LA MARQUISE.

Je vous le promets ; mais j'appréhende que ce ne soit en vain.

LE VICOMTE.

Pourquoi ?

LA MARQUISE.

C'est que vous ne vous écoutez pas vous-même, vous parlez toujours de quatre choses à la fois, et vous en pensez mille.

LE VICOMTE.

Cela ne m'arrivera plus, Madame, non plus que de jouer au lansquenet. Combien y avez-vous gagné ? Mais il n'est point question ici de lansquenet, une affaire plus sérieuse... Avez-vous remarqué, dites-moi, mon malheur ? Je n'ai pas été laissé une fois. Je vous prie, Madame, que le petit maître à danser ne vienne plus ici. Nous ne finissons rien, Madame, voyons donc je vous prie ; mais le moyen ? Je vous conjure d'entendre le vacarme de tous les possédés. Que faut-il que nous fassions ? Vous savez le dessein de votre famille.

LA MARQUISE.

Oh pour le coup on aurait tort de se plaindre de vos distractions ; cependant, Monsieur, pour répondre à ce que vous pensez, et non point à ce que vous me dites, je vous répéterai que je suis prête à vous épouser si vous le voulez.

LE VICOMTE.

Hé que voulez-vous que je fasse d'Éraste ? J'ai laissé ma tabatière là-dedans. Que deviendra le maître à danser ?

LA MARQUISE.

Pour le maître à danser, n'en parlons plus je vous conjure ; et pour Éraste, je vous avoue qu'il me plairait bien mieux que vous.

LE VICOMTE.

Vous ne déguisez point vos sentiments.

LA MARQUISE.

Vous m'apprenez à ne me point contraindre.

Scène III.

Madame Argante, La Comtesse, La Marquise, Le Vicomte.

MADAME ARGANTE.

Ah ! mon Dieu ! qu'est-ce ceci ?

LA MARQUISE.

Qu'entends-je ? Qu'avez-vous, Madame Argante ?

MADAME ARGANTE.

Madame, coupe-gorge,[1] premier pris.[2] Hé, là, là, ne riez pas tant : ce sont des choses qui peuvent arriver à tout le monde.

Scène IV.

*Madame Argante, Archambaut, Ardouin,
La Comtesse, La Marquise, Le Vicomte.*

ARCHAMBAUT.

Hé bien, Madame Argante, n'êtes-vous pas bien avancée ? Tenez, Monsieur le Vicomte, elle a eu l'opiniâtreté de couper cinq fois de suite.

LA MARQUISE.

Hélas ! On ne sait guère ce que l'on fait.

ARDOUIN, *en entrant.*

Où est-elle, cette Madame Argante ? Avec votre permission, Madame, la voilà cette main, que je la baise, que je la baise : elle n'est pas belle, non, mais elle est bonne.[3]

MADAME ARGANTE.

Madame la Marquise, je vous prie, faites-moi un plaisir, au moins va toujours le jeu : prêtez-moi trente pistoles, que je vous rendrai demain matin.

LA MARQUISE.

Les voilà juste dans cette bourse.

MADAME ARGANTE.

Je vous assure que demain à votre lever...

LA MARQUISE.

Vous vous moquez, allez, ne perdez point de temps.

MADAME ARGANTE.

Madame, je vous remercie.

---

1. « *Coupe-Gorge.* Terme de joueur, qui dit autant que coup fatal, comme au lansquenet, pharaon ou à la bassette, lorsque la carte du banquier vient tout à coup et le fait perdre, sans avoir seulement tiré une seule carte des autres joueurs. *Il a fait trente fois coupe-gorge aujourd'hui.* Dancourt, *Le Joueur* » (Le Roux, *Dictionnaire comique*, p. 136).
2. « Au jeu du lansquenet, on dit, qu'*un homme est pris*, quand sa carte a été faite. [...] On dit figurément et familièrement d'un homme qui a la contenance triste et embarrassée, qu'*il a l'air d'un premier pris* » (Dictionnaire de l'Académie Française, 4e édition, Paris : Veuve Bernard Brunet, 1762, II, p. 456).
3. « On dit au jeu, qu'*Un homme a la main bonne, la main heureuse*, pour dire, qu'il est avantageux d'être sous sa coupe » (*Dictionnaire de l'Académie Française*, 1762, II, p. 70).

Scène V.

La Marquise, La Comtesse, Le Vicomte.

LA MARQUISE.
Pour achever donc ce que je vous disais, mon pauvre Vicomte, je n'irai point contre les sentiments de ma famille, qui souhaite que je vous épouse ; mais vous, si vous ne vouliez point en galant homme vous prévaloir de leur faveur...

LE VICOMTE.
Madame, je vous aime.

LA MARQUISE.
Prouvez-le moi en ne m'épousant pas.

Scène VI.

*La Marquise, La Comtesse, Le Vicomte,
Dorante, Le Chevalier, Le Marquis.*[1]

DORANTE.
Il n'y a plus moyen de demeurer là dedans, c'est un tintamarre épouvantable ; Madame Argante est au désespoir, elle en a déchiré ses coiffes.

LE CHEVALIER.
J'ai vu l'heure qu'elle allait me dévisager.[2]

LA MARQUISE.
Elle perd donc beaucoup ?

DORANTE.
Elle a perdu jusqu'au dernier sou.

LA MARQUISE.
Qui gagne donc ?

LE MARQUIS.
Madame la Comtesse et Dorante ne nous ont pas laissé de quoi souper. Mais j'ai ici un homme auprès de moi qui a toujours deux pistoles à mon service.

LE VICOMTE.
Il faut mieux rendre que vous ne faites, pour se conserver du crédit.

---

1. Madame Argante fait également une apparition dans cette scène.
2. « *Dévisager*. Blesser quelqu'un au visage en sorte qu'il en soit défiguré et gâté » (Furetière, *Dictionnaire universel*).

LE CHEVALIER.

Vicomte, le Marquis est un fripon ; mais moi...

LE MARQUIS.

Je parie qu'il m'en prêtera plutôt qu'à toi.

LE VICOMTE.

Je n'en prêterai ni à l'un ni à l'autre.

LE CHEVALIER.

Vicomte ?

LE MARQUIS.

Vicomte ?

LE VICOMTE.

Hors de là, je n'ai pas un sou.

LE CHEVALIER.

Mon pauvre Vicomte ?

LE VICOMTE.

Dieu vous assiste.

LA MARQUISE.

Voyons un peu la fin de tout ceci.

LE MARQUIS.

Chevalier, sais-tu ce qu'il faut faire ?

LE CHEVALIER.

Il le faut battre comme un diable, s'il ne nous donne ce que nous lui demandons.

LE MARQUIS.

Tu l'as deviné.

LE CHEVALIER.

Vieux fou.

LE VICOMTE.

Tenez, voilà une pièce de quatre pistoles pour vous deux, mais n'y revenez plus.

DORANTE.

Vous voyez, qu'il en sort fort bien, en payant.

LE MARQUIS.

Il n'a jamais rien fait de mieux en toute sa vie.

LA COMTESSE.

Quoi ! Des menaces encore ?

LE CHEVALIER.

Il sentait déjà son vieux battu.¹

LE MARQUIS.

Hé bien, qu'est-ce, Madame Argante, vous voilà bien affligée ?

MADAME ARGANTE.

On le serait à moins.

LE CHEVALIER.

Elle a joué, aussi bien que moi, d'un furieux malheur.

MADAME ARGANTE.

Tant mieux, vous ne payerez pas pour moi.

DORANTE.

Messieurs, il faut laisser en repos les gens qui ont perdu leur argent. Vous voyez que je ne lui dis mot, et je suis sûr que je serai toujours de ses amis.

MADAME ARGANTE.

Oh parbleu ! Vous n'aurez jamais mon argent et mon amitié tout ensemble.

LA MARQUISE.

Où allez-vous donc ?

MADAME ARGANTE.

Madame, je vous donne le bonsoir.

LA COMTESSE.

Adieu, Madame Argante.

MADAME ARGANTE.

Adieu, adieu.

LA MARQUISE.

Laquais, éclairez.

LE MARQUIS.

Allons, Chevalier. Je crois qu'il ne serait pas mal à propos de se retirer ; aussi bien je vois que Madame la Marquise a de l'inquiétude.

LA MARQUISE.

Je vous avoue, Monsieur, que je ne suis pas bien à moi, et que j'ai quelque chose dans l'esprit qui m'embarrasse.

---

1. « On dit proverbialement, qu'*un homme*, qu'un *valet sent le vieux battu, sent son vieux battu*, pour dire, qu'il est devenu insolent, parce qu'il n'a pas été châtié depuis longtemps » (*Dictionnaire de l'Académie française*, 1762, II, p. 712).

LE MARQUIS.
Nous serions au désespoir d'en être la cause.

LE CHEVALIER.
Le Marquis est un sot, Madame ; et pour moi je vous avoue franchement, et sans détour, que je me tiendrais fort heureux si j'étais l'objet de tant d'inquiétudes ; ce n'est pas là ce qui m'aurait fait quitter la place.

J'ai voulu la quitter cette beauté cruelle,
Et j'éprouve qu'en la quittant,

En chantant.

Mon cœur est encor moins content.[1]

LA MARQUISE.
Messieurs, je ne puis en musique ; mais en mauvaise prose je vous remercie de l'honneur que vous m'avez fait.

LE CHEVALIER.
Tiens, vieux ladre, voilà ta pièce de quatre pistoles, au moins.

LE VICOMTE.
Bon, tant mieux, c'est autant de gagné.

LA MARQUISE.
Dieu merci, nous en voilà débarrassés.

Scène VII.

La Marquise, La Comtesse, Dorante, Le Vicomte.

DORANTE.
Madame, je vous demande mille pardons.

LA COMTESSE.
Dorante, ce n'est pas à Madame qu'il faut demander pardon, c'est à Monsieur le Vicomte qu'ils ont pensé désespérer.

DORANTE.
Bon, bon, ils raillent tous comme cela avec Monsieur le Vicomte : vous ne voyez rien, ils se mettent quelquefois quatre sur lui, et l'assomment de coups.

---

1. Citation de *Proserpine* (II, 1). Dans la tragédie-lyrique, cette citation est tirée d'un récitatif d'Alphée qui explique à Crinise qu'il continue, malgré tous ses efforts, à aimer Aréthuse. Ici, le malheur du Chevalier n'est plus tant d'ordre sentimental que financier puisqu'il s'est ruiné au lansquenet.

LE VICOMTE.
Et quelque jour moi, je leur romprai la tête avec mon bâton.

LA MARQUISE.
Ma foi, vous ferez bien, en vérité ce sont là de terribles plaisanteries pour des gens de qualité.

DORANTE.
Tout cela n'est rien, Madame : si vous les aviez vus entre eux se donner des soufflets, des coups de pied, s'arracher leurs perruques, se rompre une canne sur le dos, se cracher au visage...

LA COMTESSE.
Et tout cela en riant ?

DORANTE.
Vraiment oui, Madame ; autrement celui qui se fâcherait, ne saurait pas vivre.

LA MARQUISE.
Cela est fort agréable. Mais, Madame, Dumont ne revient point. Ah ! Que je suis ravie, le voilà justement.

Scène VIII.

La Marquise, La Comtesse, Le Vicomte, Dorante, Dumont.

LE VICOMTE.
Ah, ah, quelle nouvelle figure est-ce ci ? Hai, mon petit frisé,[1] ceci cache du mystère ; mais, Madame, il faut que ma discrétion ; que viens-tu faire ici ? je n'en manque pas, comme vous voyez. D'où viens-tu ? je veux le savoir.

LA MARQUISE.
Et vous allez l'apprendre, pourvu que vous vous donniez la patience de l'écouter, c'est la grâce que je vous demande : tout le mystère sera éclairci devant vous, et vous pouvez bien croire qu'après l'aveu que je vous ai fait de ma tendresse pour Éraste, il doit me rester peu de chose à vous cacher.

LE VICOMTE.
Oh, parsambleu, j'aurai le plaisir de l'interroger.

LA MARQUISE.
Prenez le parti de sortir ou de vous taire.

LE VICOMTE.
Il n'y a point à choisir, ceci vaudra peut-être bien le maître à danser.

---

1. *Petit frisé*, expression ironique pour désigner un jeune élégant.

LA MARQUISE.

Monsieur...

LE VICOMTE.

Je me tairai.

LA MARQUISE.

Hé bien, mon enfant, comment tout cela s'est-il passé ?

DUMONT.

Une partie s'est passée assez bien, l'autre assez mal, comme vous allez entendre.

LA MARQUISE.

Comment donc ! Te voilà sans chapeau, sans épée ?

DUMONT.

Dites aussi, sans manteau.

LA MARQUISE.

Comment donc ?

DUMONT.

J'ai été volé.

LA MARQUISE.

Par qui ?

DUMONT.

Par des voleurs.

LA MARQUISE.

À l'heure qu'il est, voler !

DUMONT.

À l'heure qu'il est.

LA MARQUISE.

Étaient-ils plusieurs ?

DUMONT.

Non, ils n'étaient qu'un.

LA MARQUISE.

Le reconnaîtras-tu bien ?

DUMONT.

Si je le connaîtrai ? c'est Éraste.

LA MARQUISE.

Tu es fou.

DUMONT.

Je ne suis point fou.

LA MARQUISE.

Il était donc aux Tuileries ? Je suis perdue !

DUMONT.

Laissez-moi commencer par un bout, et je finirai par l'autre ; car si vous m'embrouillez toujours...

LA MARQUISE.

Tais-toi, je ne veux rien savoir davantage.

LE VICOMTE.

Je me suis tu à condition.

LA COMTESSE.

Mais, Madame, écoutez, peut-être cela n'est-il pas tout à fait comme vous vous l'êtes imaginé.

LA MARQUISE.

Parle donc, et finis le plus promptement que tu pourras.

DUMONT.

Je suis arrivé le premier aux Tuileries, où je n'aurais jamais trouvé l'allée des Soupirs, si je ne m'étais avisé de la demander au portier qui me l'a enseignée.[1] J'avais toujours le nez dans mon manteau comme vous m'aviez dit, je me promenais gravement, j'entendais des gens d'un côté qui disaient, c'est Monsieur le Marquis un tel ; un autre disait c'est Monsieur le Comte, il ne vient pas ici pour rien. Les uns disaient qu'oui, les autres disaient que non. Ce Monsieur est mieux fait, disaient les premiers, les autres répondaient, il est vrai qu'il a meilleur air.

LE VICOMTE.

Je ne comprends rien à tout cela.

LA MARQUISE.

Oh, finis, je t'en prie.

DUMONT.

Je n'ai pas encore commencé. Enfin de semblables disputes s'excitaient de tous côtés, lorsque j'ai aperçu Éraste qui venait par une allée, et Du Laurier qui arrivait par une autre. J'ai couru l'aborder du meilleur air du monde ; et malgré l'application d'Éraste à venir nous regarder sous le nez, nous avons exactement fait les tours d'allées que vous nous aviez prescrits. Ensuite nous sommes sortis par la porte de la terrasse : Du Laurier est montée dans le carrosse, je lui ai donné

---

1. Pour contrôler l'accès au jardin, interdit aux laquais et gens de livrée, des huissiers du roi et des officiers étaient postés aux portes (voir Poëte, *Au jardin des Tuileries. L'Art du jardin. La Promenade publique*, p. 270).

la main, j'y suis monté ensuite. Jusque-là tout allait le mieux du monde. Et les chevaux à peine, après vingt coups de fouet, commençaient à marcher, lorsque Éraste s'est mis à courir après nous ; et comme malheureusement notre fiacre allait fort doucement, il n'a pas eu grande peine à nous joindre. Je ne devinais point la raison qui le faisait courir si fort ; mais, Madame, c'était mon manteau qui lui avait donné dans la vue ; car dans les Tuileries, il ne faisait autre chose que de rôder à l'entour de nous, et de nous regarder depuis les pieds jusqu'à la tête.

LA MARQUISE.
Auras-tu bientôt fait ?

DUMONT.
Tout à l'heure, Madame. C'est dans la rue Saint-Honoré qu'il a fait arrêter le cocher, et ouvert lui-même la portière de notre carrosse. Madame, a-t-il dit d'abord, je suis au désespoir de manquer au respect que je vous dois, mais c'est à ce cavalier-ci à m'en punir, et c'est lui que je veux voir au visage. Il m'a prié fort honnêtement de le découvrir, je lui ai dit que je n'avais point d'ordre pour cela, il me l'a dit plusieurs fois ; et comme il voyait que je n'en faisais rien, il m'a pris civilement par le bras, et m'a fait descendre du carrosse, à la vérité un peu plus vite que je n'aurais voulu. D'abord, l'épée à la main, m'a-t-il dit, et moi de répondre toujours, je n'ai point d'ordre. Là-dessus d'un soufflet il a fait tomber mon chapeau ; il m'a arraché mon manteau, et de mon épée même il m'a donné plus de mille coups. Il ne m'a point voulu laisser remonter dans le carrosse, j'ai eu beau lui dire que j'avais encore quelques tours à faire par la ville, il a recommencé de me battre. Durant ce temps, Du Laurier a fait avancer le carrosse ; et nous nous sommes à la fin lassés tous deux, lui de me battre, et moi d'être battu. Ensuite il a voulu retourner au carrosse, qui n'y était déjà plus ; et moi j'ai pris ce temps pour venir au plus vite vous faire un fidèle récit de mes tragiques aventures.

LE VICOMTE.
J'en ferai quelque jours autant au maître à danser.

LA MARQUISE.
Hé bien, Madame, vous voyez bien qu'Éraste n'est qu'un infidèle.

LA COMTESSE.
Tout ce procédé là ne marquerait à toute autre que vous, qu'une passion bien violente.

LA MARQUISE.
Oh bien, Madame, je ne suis pas de même, je n'y remarque que de la vanité ; et de semblables procédés me guérissent si absolument, que vous ne remarquerez plus rien que de fort indifférent dans tout ce que vous m'allez voir faire. Dumont, cache-toi vite dans cette chambre, j'entends quelqu'un qui monte, ce pourrait être Éraste. Je ne me suis point trompée, je le vois.

Scène IX.

La Marquise, La Comtesse, Le Vicomte, Dorante, Éraste.

ÉRASTE.

Vous devriez choisir, Madame, des gens plus dignes des faveurs que vous leur prodiguez : voilà l'épée du cavalier que je vous rapporte, car je crois bien qu'il ne se présentera pas davantage à mes yeux.

LA MARQUISE.

Donnez Monsieur, donnez, j'aurai soin de la lui rendre : il n'est peut-être pas loin d'ici. Mais je vous prie de ne pas vous en faire tant à croire ; vous devez plus à son obéissance, que vous ne devez à votre valeur. Je lui avais commandé de souffrir tout ce qu'il a souffert, vous voyez qu'il sait obéir mieux que vous. Je ne vous avais pas mis à beaucoup près[1] à une si forte épreuve. Hélas ! je ne vous avais prié d'autre chose que de ne plus voir Dorimène. Monsieur le Vicomte, tout ceci ne doit point vous surprendre, vous savez que je vous ai avoué ingénument que j'avais de la tendresse pour Éraste. Madame, vous savez que je vous disais tout à l'heure que je n'épouserais jamais qu'Éraste, si je pouvais être assurée qu'il ne vît plus Dorimène.

ÉRASTE.

Ah ! vous serez la seule coupable, je ne l'ai point vue, et je ne vous laisserai rien qui puisse justifier le procédé infâme qui vient de paraître à mes yeux.

LA MARQUISE.

Pour le procédé infâme dont vous m'accusez, il est bon que je m'en justifie aux yeux de ceux qui sont ici ; et puis il sera bon de vous convaincre que vous avez vu Dorimène tous les jours de votre vie. Commençons par l'un, nous finirons par l'autre. Dumont, venez ici.

Scène X.

La Marquise, La Comtesse, Le Vicomte, Dorante, Éraste, Dumont.

LA MARQUISE.

Éraste, voilà le digne champion contre qui vous avez si vaillamment combattu. J'ai peur que cette victoire ne vous fasse pas beaucoup d'honneur.

ÉRASTE.

Que vois-je !

DUMONT.

Monsieur, je vous prie, rendez-moi mon manteau.

---

1. *Je ne vous avais pas mis à beaucoup près* : j'étais loin de vous avoir mis.

LA MARQUISE.

Tais-toi.

DUMONT.

Madame, il n'est pas à moi.

LA MARQUISE.

Et voici tout à propos l'héroïne qui vous a donné tant de chagrins.

Scène XI.

La Marquise, La Comtesse, Le Vicomte, Dorante, Éraste, Dumont, Du Laurier.

DU LAURIER.

Par ma foi, Madame, j'en ai eu tout au moins autant que lui. Comment diantre, des épées nues !

LA MARQUISE.

Paix. Vous voyez bien, Monsieur, que ma conduite est assez justifiée, venons un peu à la vôtre. J'ai fait donner avis à Dorimène, par une lettre d'une main inconnue, que j'avais un rendez-vous. Si vous n'aviez point vu Dorimène, vous ne l'auriez pas su ; mais elle vous a si bien instruit, que vous n'avez manqué ni l'heure, ni le lieu : vous n'avez pu même vous empêcher de vous en plaindre à Du Laurier, vous voyez qu'il faut être plus habile que vous ne l'êtes, pour tromper longtemps une personne comme moi. Malheureusement, vous avez été voir aujourd'hui Dorimène, elle vous a assuré que j'avais un rendez-vous, vous l'avez crue ; mais vous n'avez trouvé qu'un rendez-vous imaginaire, quand j'ai découvert que vous me trompez réellement.

ÉRASTE.

Ah Madame ! il est vrai, je l'ai vue ; mais si l'aveu de mon crime pouvait m'en faire obtenir le pardon, ou si vous vouliez juger de l'excès de mon amour par l'excès de ma jalousie ; si mes larmes, un repentir sincère...

LA MARQUISE.

Éraste, brisons là,[1] je vous prie, ce langage n'est plus de saison ; ne perdez point ici des larmes et des soins qui seraient mal récompensés, et qui vous nuiraient peut-être auprès de Dorimène. Croyez-moi, vous avez désormais intérêt de la ménager.

ÉRASTE, *s'en allant.*

Ah ciel !

LA MARQUISE.

Pour vous, Monsieur le Vicomte, je suis toujours dans les sentiments où vous m'avez vue, et je vous épouserai quand vous voudrez.

1. Voir note 7, p. 59.

LE VICOMTE.

Dieu m'en garde, Madame, Éraste est en allé. Si vous en savez tant contre les gens que vous aimez. Je suis tout étourdi. Que feriez-vous donc contre moi ?

LA MARQUISE.

Je vous conseille de garder de pareils sentiments.

LA COMTESSE.

Dorante.

DORANTE.

Madame, je vous entends, vous ne trouverez jamais en moi qu'un homme qui sera toute sa vie entièrement à vous.

LA MARQUISE.

Madame, allons souper.

DUMONT.

Qui me paiera mon manteau ?

LA MARQUISE.

Tais-toi.

DUMONT.

Du Laurier à la fin des comédies ou tragédies, car j'ai versé du sang suffisamment dans cette aventure pour l'appeler ainsi ; à la fin, dis-je, il faut un mariage : qu'en dis-tu ?

DU LAURIER.

Moi, ce que tu voudras.

DUMONT.

Nous marierons-nous ?

DU LAURIER.

Je le veux bien.

DUMONT.

Et moi aussi, touche-là.[1]

DU LAURIER.

Va, je suis ta femme.

DUMONT.

Et moi, je suis ton mari.

FIN.

---

1. « On a coutume de se *toucher* dans la main pour conclure un marché, ou en signe de bienveillance » (Furetière, *Dictionnaire universel*).

VARIANTES

Page 50

[i] L'édition originale de 1686 indique, dans la liste des acteurs du prologue, « Monsieur *de* La Thuillerie » et « Monsieur *de* La Thorillière » remplacés par « Monsieur La Thuillerie » et « Monsieur La Thorillière » partout ailleurs. Conformément à l'édition de 1736, nous rétablissons partout la particule.

Page 56

[i] « Le Baron » devient ici « Baron » dans l'édition de 1686. Nous rectifions et harmonisons, conformément à 1736.

Page 62

[i] Nous ajoutons le nom de Beauval, omis dans les différentes éditions du texte mais qui entre dans le cours de cette scène.
[ii] Toutes les didascalies de cette scène sont ajoutées en 1736 et conservées en 1759.

Page 78

[i] L'édition originale de 1686 porte « le vôtre », l'édition de 1736 corrige par « le mien », maintenu en 1759. Nous rétablissons la première version : le Suisse s'adresse successivement à La Fleur et La Verdure.

Page 80

[i] Les différentes éditions du texte portent ici « Maître Michaut », qui n'est autre que le Suisse. Nous modifions pour plus de clarté.
[ii] Les différentes éditions du texte portent ici « Maître Michaut » : comme ci-dessus, nous modifions pour plus de clarté.

Page 81

[i] Les différentes éditions du texte portent ici « Maître Michaut ». Nous modifions.

Page 83

[i] L'édition de 1736 porte ici « La Du Laurier ». Nous supprimons l'article pour harmoniser.

Page 84

[i] L'édition de 1686 porte « hier au soir », modifié par la suite.

Page 88

[i] Les différentes éditions du texte, de 1686 à 1759, portent « Du Mont » (en deux mots) dans la liste des acteurs au seuil de la pièce, puis « Dumont » partout ailleurs. Nous avons harmonisé.

Page 93

[i] L'édition de 1736 introduit ici une coquille en attribuant ces deux dernières répliques au même personnage, Dorante. L'ordre des répliques est ici conforme à l'édition de 1686.

L'édition de 1759 en inverse les interlocuteurs : « Dorante. — Mais ! Quoi toujours ... / Eraste. — En vérité, madame, c'est un peu vite ».

Page 96
[i] L'édition de 1736 et les précédentes indiquent ici, ainsi qu'à la tête de la réplique suivante, le nom de « Picard ». Pour plus de clarté, nous harmonisons, conformément à l'édition de 1759, au sein de cette même scène. Ce laquais réapparaîtra sous le nom de Picard à l'acte II scène 10.

Page 97
[i] Les éditions antérieurs à 1736 portent « qu'elle n'observe pas toujours. »

Page 98
[i] Cette didascalie ne figure pas avant 1736. Elle est maintenue dans les éditions suivantes.

Page 99
[i] Les précédentes éditions indiquent « croix du tiroir ». 1759 conserve « Trahoir » (voir à ce sujet la note 1 page 124). Ajoutons que les éditions précédentes portent « rue des Prouvelles » (1759 conserve « Prouvaires »). Cette rue, qui existe encore, commence rue Saint-Honoré et rejoint la rue Berger.

Page 101
[i] Cette didascalie est ajoutée en 1736 et maintenue en 1759.

Page 103
[i] Cette didascalie, qui ne figure pas dans les éditions précédentes, est maintenue en 1759.

Page 105
[i] Ce « Picard » qui ne figure pas dans la liste des personnages à la tête de la pièce est le laquais de la Marquise, qui apparaît déjà à l'acte I scène 3, et à l'acte II, scènes 1 et 14. Aucune édition ne rectifie jusqu'en 1759.

Page 108
[i] Nous ajoutons le personnage du laquais, omis dans toutes les éditions.

ANNEXE MUSICALE

Reconstitution de la partition

La partition du *Rendez-vous des Tuileries* demeure à ce jour lacunaire, puisque la musique de la Bergerie qui clôt le prologue n'a pas été retrouvée, et que l'identification de la musique utilisée pour la leçon de danse de Benville (acte II, scène 12) pose problème et mérite discussion. La reconstitution de la partition a en outre suscité diverses interrogations dont nous rendons compte ci-dessous, aussi bien pour la musique instrumentale originale de Charpentier, que pour l'identification des sources parodiées, empruntées à Lully.

La musique originale de Charpentier (la chaconne et l'ouverture, placées dans cet ordre dans les *Mélanges* de Charpentier),[1] est écrite pour cordes à quatre parties. Ces deux partitions n'ont probablement pas été conçues initialement pour servir au *Rendez-vous des Tuileries*. Le personnage de Baron indique en effet dans le prologue que les parties musicales et chorégraphiées de sa pièce avaient d'abord été prévues pour une servir à une autre « pièce nouvelle que l'on n'a pas jouée » (scène 8). Cette hypothèse est confortée par les analyses de H. Wiley Hitchcock qui note que, sur les partitions imprimées de Charpentier, la mention « du *Rendez-vous des Tuileries* » a été ajoutée dans un second temps, après la copie de la musique, par la main du compositeur, auprès du titre de « Chaconne », et que la même main a baptisé la pièce suivante, sans titre, d' « Ouverture du *Rendez-vous des Tuileries* ».[2] Nous ignorons toutefois pour quelle pièce cette musique avait d'abord été écrite.

Un autre point d'interrogation concerne le placement de ces parties musicales dans le déroulement du spectacle. Quelques hypothèses peuvent toutefois être émises. Concernant la chaconne, H. Wiley Hitchcock pense qu'elle servait pour la leçon de danse de l'acte II,[3] ce qui nous paraît peu probable puisque la

---

1. Charpentier, *Mélanges autographes*, BnF musique cote Rés. Vm1 259, reproduction en *fac simile*, vol. 21, Paris, Minkoff, 2002, f° 86–87ᵛ.
2. « In Charpentier's *Cahier* XLVI (vol. XXI, 86–87) we find two orchestral pieces that were used for the play. The first was originally titled simply *Chaconne*, but to the title, in Charpentier's hand, is added the phrase "du Rendez-vous des Tuileries". The second had no title at the time the music was written down, but at the head of the score, in the same hand as the added portion of the chaconne's title, is written "Ouverture du Rendez-vous des Tuileries" » (Hitchcock, « Marc-Antoine Charpentier and the Comédie-Française », p. 274–75).
3. « The chaconne would conceivably serve in act II [...] where Benville, a *maître à danser*, instructs the Marquise in the niceties of a minuet » (Hitchcock, « Marc-Antoine Charpentier and the Comédie-Française », p. 275).

Marquise y apprend à danser le menuet, et que la chaconne et le menuet sont deux danses et deux formes musicales bien distinctes qui ne peuvent pas se confondre. Il paraît plus plausible que la chaconne ait été jouée à la fin du prologue, avant la Bergerie. Quand Beauval annonce à la fin du prologue que l' « on va danser et chanter une petite bergerie » (scène 13), on peut en effet considérer que la danse et la bergerie chantée sont deux moments distincts interprétés successivement (les propos de Baron qui annonce ce divertissement, à la scène 9, peuvent aussi s'entendre en ce sens). Cette hypothèse permettrait d'éclairer la situation mise en scène dans la bergerie : au terme du prologue, Raisin et La Thorillière, probablement costumés en bergers (ils sont sortis à la scène 9 et ont donc eu le temps de se changer), danseraient une chaconne devant la Bergère en cherchant à la séduire, ce qui expliquerait qu'elle ait besoin, à la scène 14, de choisir en chansons « celui qui mérite le mieux [ses] faveurs ». Le petit danseur mentionné dans les registres de la Comédie-Française pouvait se joindre à la chaconne des bergers, placée dans ce cas entre les scènes 13 et 14 du prologue.

Les indices sont moins nombreux pour déterminer à quel moment était jouée l'ouverture : elle pouvait être jouée avant le prologue ou, conformément à l'ordre des pièces tel qu'il est présenté dans les *Mélanges*, avant le premier acte, pour faire transition après la chaconne et la bergerie. Nous penchons pour cette seconde hypothèse : il paraît peu probable que le début *in medias res* du prologue fasse suite à une ouverture.

Pour ce qui est des sources parodiées, outre les citations de *Proserpine* qui sont faciles à retrouver, l'identification de la musique utilisée pour la scène de la leçon de danse (acte II, scène 12) reste problématique. Nous suivons ici les hypothèses de Judith le Blanc qui envisage deux possibilités dans son article consacré aux « Parodies d'opéras et coexistence des musiques de Lully et Charpentier sur la scène de la Comédie-Française ».[1] Le clin d'œil au *Bourgeois gentilhomme* est transparent (acte II, scène 1), et il se pourrait que Baron ait repris la musique du menuet dansé par Monsieur Jourdain. Ce menuet, initialement composé par Lully pour servir aux *Amants magnifiques*, était alors très connu puisqu'il est encore utilisé au XVIIIe siècle comme vaudeville. Judith le Blanc privilégie pourtant une seconde hypothèse, qui nous paraît convaincante : elle note que Baron a pris soin d'insérer un fragment de phrase parmi les « la la la » qui forment la réplique du maître à danser : « que n'aimez vous ». Ces quelques mots correspondent à « l'*incipit* d'un menuet chanté par un Éthiopien et repris par le chœur dans le divertissement du quatrième acte de *Persée* de Lully et Quinault, créé le 17 avril 1682 ». Notant que cet air sera promis à un bel avenir puisqu'il est fréquemment repris comme timbre, indice indéniable de sa popularité, et que

---

1. Judith le Blanc, « Parodies d'opéras et coexistence des musiques de Lully et Charpentier sur la scène de la Comédie-Française », *Bulletin Charpentier*, 2 (2009), p. 3–14 (p. 9–10).

le motif thématique convient particulièrement bien à la situation (une incitation à l'amour), elle conclut que « cette leçon de danse serait donc en réalité une parodie de ce menuet de Lully ».[1] Nous suivons cette hypothèse en reproduisant cet air de *Persée* à la fin de l'annexe musicale.

Principes de l'édition musicale

La musique reproduite dans cet ouvrage provient d'une part des « Mélanges autographes » de Marc-Antoine Charpentier (F-Pn, ms Rés. Vm¹ 259), d'autre part de la première édition de *Proserpine* (Paris : C. Ballard, 1680), tragédie en musique de Lully et Quinault créée en 1680. Les références précises aux sources originales ainsi que numéros de catalogues de Herbert Schneider[2] et Hugh Wiley Hitchcock[3] sont indiquées en note. Chaque fois, nous nous efforçons de transcrire la partition originale le plus fidèlement possible. Néanmoins, dans un souci d'homogénéisation et de facilité de lecture, quelques modifications ont été effectuées.

- Les chiffres de basse continue sont édités dans l'ordre décroissant de bas en haut (ex : 6/5 au lieu de 5/6) et les altérations sont placées devant le chiffre (#4 au lieu de 4#).
- Les clés originales sont remplacées par des clés usuelles de la manière suivante : *Ut* 1 et *Sol* 1 sont remplacées par *Sol* 2 ; *Ut* 2, *Ut* 3 et *Ut* 4 sont remplacées par *Sol* 2 octaviante.
- Le symbole ornemental « t » présent dans la partition de *Proserpine* est remplacé ici par le signe « + ». Dans les deux cas, cet unique symbole est celui du trille ou du tremblement.
- Lorsque l'extrait reproduit commence et/ou se termine en cours de mesure (c'est le cas pour certaines citations de *Proserpine* de Lully et Quinault), des silences viennent compléter la mesure.

Références et description des œuvres reproduites

- Marc-Antoine CHARPENTIER
Ouverture du rendez-vous des Tuileries
H. 505 [2]
« Mélanges autographes », cahier 46, vol. 21, F-Pn, ms Rés. Vm¹ 259, f° 87ʳ–87ᵛ.
Clés d'origine : *sol* 1, *ut* 1, *ut* 2, *fa* 4.

---

1. *Ibid.*
2. Herbert Schneider, *Chronologisch-thematisches Verzeichnis sämtlicher Werke von Jean-Baptiste Lully (LWV)* (Tutzing : H. Schneider, 1981).
3. H. Wiley Hitchcock, *Les Œuvres de Marc-Antoine Charpentier : Catalogue raisonné* (Paris : Picard, 1982).

Effectif non précisé dans le manuscrit (Hitchcock note qu'il s'agit d'une musique pour cordes).

Chaconne du Rendez-vous des Tuileries
H. 505 [1]
« Mélanges autographes », cahier 46, vol. 21, F-Pn, ms Rés. Vm^1 259, f° 86^r–87^r.
Clés d'origine : *sol* 1, *ut* 1, *ut* 2, *fa* 4.
Effectif non précisé dans le manuscrit (Hitchcock note qu'il s'agit d'une musique pour cordes).

- Jean-Baptiste LULLY
  Extraits de l'acte II de *Proserpine*, tragédie en musique sur un livret de Philippe Quinault représentée pour la première fois en 1680.
  Édition de référence : *Proserpine / Tragedie / Mise en musique / Par Monsieur de Lully, / Sur-Intendant de la Musique du Roy*, Paris, C. Ballard, 1680.

  « Mon cœur est encor moins content »
  Extrait du dialogue en récitatif entre Crinise et Alphée (Acte II scène 1, LWV 58/32).
  Clés d'origine : *ut* 3, *fa* 4.
  Dans *Le Rendez-vous des Tuileries*, le Chevalier reprend trois vers de cette scène de *Proserpine*, mais seul le troisième est chanté (il est précédé de l'indication « En chantant »). Nous reproduisons ici la partition de Lully depuis le premier vers cité.

  « En lui donnant la préférence »
  Extrait de l'air d'Ascalaphe avec deux violons (Acte II scène 5, LWV 58/40).
  Clés d'origine : *ut* 1, *sol* 1, *fa* 4, *fa* 4.
  Bien qu'elles soient nombreuses, les répétitions poétiques du texte chanté n'apparaissent pas dans le texte du *Rendez-vous des Tuileries*.

  « Mon amour paraît trop dans mes transports jaloux »
  Extrait de l'air en duo chanté par Aréthuse et Alphée (Acte II scène 4, LWV 59/39).
  Clés d'origine : *ut* 1, *ut* 3, *fa* 4.
  La voix que chante le Chevalier n'est pas précisée dans la pièce de Baron, c'est pourquoi nous reproduisons l'intégralité du duo. S'il paraît plus logique que le Chevalier chante la partie masculine (c'est-à-dire celle d'Alphée), on peut tout aussi bien envisager qu'il octavie ou même transpose la voix de dessus (celle d'Aréthuse).

  « Ingrate, écoutez-moi, je ne veux plus me plaindre »
  Extrait du dialogue en récitatif entre Alphée et Aréthuse (Acte II, scène 4, LWV 58/37).

Clés d'origine : *ut* 3, *fa* 4.

Extrait de *Persée*, tragédie en musique sur un livret de Philippe Quinault représentée pour la première fois en 1682.

Édition de référence : *Persée / Tragédie / mise en musique / Par Monsieur de Lully, Escuyer, Conseiller / Secretaire du Roy, Maison, Couronne de / France & de ses finances, & Sur-Intendant / de la Musique de Sa Majesté*, Paris, C. Ballard, 1682.

« Que n'aimez-vous cœurs insensibles »
Extrait de l'air chanté par un Éthiopien et repris par le chœur (Acte IV, scène 7, LWV 60/73)
Clefs d'origine : *ut* 3, *fa* 4.

Marc-Antoine Charpentier

Chaconne du Rendez-vous des Tuileries

Annexe Musicale

Marc-Antoine Charpentier

Ouverture du Rendez-vous des Tuileries

ANNEXE MUSICALE

Jean-Baptiste Lully

Proserpine, Acte II scène 1

Annexe Musicale

Jean-Baptiste Lully

Proserpine, Acte II scène 5

Jean-Baptiste Lully

Proserpine, Acte II scène 4

Jean-Baptiste Lully

Proserpine, Acte II scène 4

Jean-Baptiste Lully

Proserpine, Acte IV scène 7

BIBLIOGRAPHIE SÉLECTIVE

Sources manuscrites

À la Bibliothèque-Musée de la Comédie-Française

Registres journaliers, saisons 1684-1685 à 1687-1688 (n° 16 à 19)
Feuilles d'assemblée, années 1685 et 1686

À la Bibliothèque Nationale de France

Répertoire des comédies françaises qui se peuvent jouer en 1685, BN, ms f. fr., 2509

Textes du XVIIe et du XVIIIe siècle (imprimés)

ALLAINVAL, LÉONOR-JEAN-CHRISTINE SOULAS D', *Lettre à Mylord*** sur Baron et la Demoiselle Le Couvreur, où l'on trouve plusieurs particularités théâtrales*, par Georges Wink [Abbé d'Allainval] [1730] (Paris : Ponthieu, 1822)

ANONYME, *Arlequin aux Tuileries*, « Quatre satires avec le prologue, l'épilogue, et plusieurs autres épigrammes » (Paris : Martin et Georges Jouvenel, 1700)

—, *La Fameuse comédienne ou histoire de la Guérin, auparavant femme et veuve de Molière* [1688] (Paris : Barraud, 1870)

—, *Les Amusements de la Hollande, avec des remarques nouvelles et particulières sur le génie, mœurs et caractères de la nation, entremêlés d'épisodes curieux et intéressants* (La Haye : Pierre Van Cleef, 1739)

—, *Seconde Lettre du souffleur de la comédie de Rouen au garçon de café* (Paris : Tabarie, 1730)

ARGENSON, RENÉ-LOUIS DE VOYER, Marquis d', *Notices sur les œuvres de théâtre*, éd. Henri Lagrave (Genève : Institut et musée Voltaire, 1966)

AUBIGNAC, FRANÇOIS HÉDELIN, ABBÉ D', *La Pratique du théâtre. Œuvre très nécessaire à tous ceux qui veulent s'appliquer à la composition des poèmes dramatiques, qui font profession de les réciter en public ou qui prennent plaisir d'en voir les représentations* [1657], éd. Hélène Baby (Paris : Honoré Champion, 2001)

BARON, MICHEL, *L'Homme à bonnes fortunes*, in *La Comédie aux XVIIe et XVIIIe siècles*, éd. Gilbert Sigaux (Genève : Le Cercle du Bibliophile, 1968)

—, *L'Homme à bonne fortune*, in *Théâtre du XVIIe siècle*, éd. Jacques Truchet et André Blanc (Paris : Gallimard, « Pléiade », 1992) III, 269-330

—, *Le Théâtre de Monsieur Baron, augmenté de deux pièces qui n'avaient point encore été imprimées, et de diverses poésies du même auteur* [1759] (Genève : Slatkine, 1971)

BEAUCHAMPS, PIERRE-FRANÇOIS GODARD DE, *Recherches sur les théâtres en France* (Paris : Prault, 1735)

BIANCOLELLI, LOUIS, et CLAUDE-IGNACE BRUGIÈRE DE BARANTE, *La Thèse des dames ou le Triomphe de Colombine*, in *Le Théâtre de Gherardi ou Le Recueil général de toutes les comédies et scènes françaises jouées par les Comédiens Italiens du Roi* [1741] (Genève : Slatkine Reprints, 1969) VI, 1-83

BLEGNY, NICOLAS DE, *Le Livre commode des adresses de Paris pour 1692*, éd. Edouard Fournier (Paris : Paul Daffis, 1878)

BOISROBERT, FRANÇOIS LE MÉTEL DE, PIERRE CORNEILLE, JEAN DE ROTROU, GUILLAUME COLLETET, et CLAUDE DE L'ESTOILE, *La Comédie des Tuileries, par les Cinq Auteurs* (Paris : A. Courbé, 1638)

BRICE, GERMAIN, *Description nouvelle de ce qu'il y a de plus remarquable dans la ville de Paris* (Paris : Veuve Audinet, 1684)

CHAPPUZEAU, SAMUEL, *Le Théâtre français* [1674], éd. C. J. Gossip, Biblio 17, vol. 178 (Tübingen : Gunter Narr Verlag, 2009)

CLÉMENT, JEAN MARIE BERNARD et JOSEPH DE LA PORTE, *Anecdotes dramatiques*, 2 vol. (Paris : Veuve Duchesne, 1775)

COLLÉ, CHARLES, *Journal et Mémoires, sur les hommes de lettres, les ouvrages dramatiques et les événements les plus mémorables du règne de Louis XV (1748-1772)*, éd. Honoré Bonhomme, 3 vol. (Paris : Firmin Didot, 1868)

CORNEILLE, PIERRE, *Œuvres complètes*, éd. Georges Couton, 2 vol. (Paris : Gallimard, « Pléiade », 1980-1984)

DANGEAU, PHILIPPE DE COURCILLON, Marquis de, *Mémoires et journal du Marquis de Dangeau*, publiés pour la première fois sur les manuscrits originaux, avec les notes du duc de Saint-Simon (Paris : Mame et Delaunay-Vallée, 1830), IV

Dictionnaire de l'Académie Française, 4ᵉ édition (Paris : Veuve Bernard Brunet, 1762) ; 5ᵉ édition (Paris : Smits, 1798)

DUFRESNY, CHARLES RIVIÈRE, *Les Amusements sérieux et comiques* [1699], éd. John Dunkley (Exeter : University of Exeter, 1976)

FURETIÈRE, ANTOINE, *Dictionnaire universel* (La Haye et Rotterdam : Arnoud et Reinier Leers, 1690, 1701)

GOUGENOT, NICOLAS, *La Comédie des comédiens* [1633], éd. François Lasserre, Biblio 17, vol. 118 (Tübingen : Gunter Narr Verlag, 2000)

GRIMAREST, JEAN LÉONOR LE GALLOIS, *Addition à la vie de M. de Molière, contenant une réponse à la critique que l'on en a faite* [1706], *La Vie de M. de Molière*, éd. Georges Mongrédien [1955] (Genève : Slatkine Reprints, 1973)

LA BRUYÈRE, JEAN DE, *Les Caractères ou les mœurs de ce siècle*, in *Œuvres complètes* (Paris : Gallimard, « Pléiade », [1934] 1988)

LA GRANGE, *Registre de La Grange (1658-1685)* (Paris : Claye, 1876)

LE BRUN, ANTOINE LOUIS, « Épître à Monsieur B ..., fameux comédien », *in Œuvres en vers et prose* (Paris : Prault père, 1736)

Le Grand Vocabulaire français, réimpression de la seconde édition de Paris par une Société de Gens de Lettres [1767-1774] (Genève : Slatkine reprints, 2005), 30 vol.

LE ROUX, PHILIBERT JOSEPH, *Dictionnaire comique, satyrique, critique, burlesque, libre et proverbial* (Amsterdam : Michel Charles le Cène, 1718)

LÉRIS, ANTOINE DE, *Dictionnaire portatif, historique et littéraire des théâtres* (Paris : Jombert, 1763)

LESAGE [ou LE SAGE], ALAIN-RENÉ, *Le Diable boiteux* [1726], *in Romanciers du XVIIIᵉ siècle*, éd. Étiemble (Paris : Gallimard, « Pléiade », 1960), I, 267-490

—, *Histoire de Gil Blas de Santillane* [1715-1735], éd. Étiemble (Paris : Gallimard, « Pléiade », 1960), I, 491-1197

LORET, JEAN, *La Muse historique, ou Recueil des lettres en vers contenant les nouvelles du temps, écrites à Son Altesse Mademoiselle de Longueville, depuis duchesse de Nemours* [1650-1665], éd. J. Ravenel et Ed. V. de La Pelouze (Paris : P. Jannet, P. Daffis, 1857-1879)

MAHELOT, LAURENT, *Le Mémoire de Mahelot. Mémoire pour la décoration des pièces qui se représentent par les Comédiens du Roi*, éd. Pierre Pasquier (Paris : Champion, 2005)

MARMONTEL, JEAN-FRANÇOIS, *Éléments de littérature*, éd. Sophie Le Ménahèze (Paris : Desjonquères, 2005)

MAUPOINT, *Bibliothèque des théâtres* (Paris : Prault, 1733)

Mercure de France, décembre 1729, second volume, 3115-21

MOLIÈRE, *Œuvres complètes*, éd. Georges Forestier avec Claude Bourqui (Paris : Gallimard, « Pléiade », 2010)

MONGIN, *Les Promenades de Paris*, in *Le Théâtre de Gherardi ou Le Recueil général de toutes les comédies et scènes françaises jouées par les Comédiens Italiens du Roi*, [1741] (Genève : Slatkine Reprints, 1969), VI, 85-152

PARFAICT, CLAUDE et FRANÇOIS, *Histoire du théâtre français depuis son origine jusqu'à présent*, 12 vol. (Paris : Le Mercier et Saillant, 1745-1747)

POINSINET, ANTOINE-ALEXANDRE-HENRI, *Le Cercle ou la Soirée à la mode, comédie épisodique en un acte et en prose* (Paris : Duchesne, 1764)

POISSON, RAYMOND, *Les Fous divertissants* (Paris : [n. pub.], 1681)

QUINAULT, PHILIPPE, *La Comédie sans comédie* (Paris : Guillaume de Luynes, 1660)

RABELAIS, FRANÇOIS, *Œuvres complètes*, éd. Mireille Huchon et François Moreau (Paris : Gallimard, « Pléiade », 1994)

RAYSSIGUIER, *Les Thuilleries, tragi-comédie* (Paris : Antoine de Sommaville, 1636)

REGNARD, JEAN-FRANÇOIS, *Le Joueur* [1697], éd. John Dunkley (Genève : Droz, 1986)

SAINT-SIMON, LOUIS DE ROUVROY, duc de, *Mémoires*, éd. Gonzague Truc, 7 vol. (Paris : Gallimard, « Pléiade », 1947-1961)

SAINT-EVREMONT, CHARLES DE, *Les Opéras* [1705], éd. Robert Finch et Eugène Joliat (Genève : Droz, 1979)

SAUVAGES, ABBÉ DE, *Dictionnaire languedocien-français*, Nouvelle édition, 2 vol. (Nîmes : M. Gaude, 1785)

SCARRON, PAUL, *Le Roman comique* [1651-1657], éd. Claudine Nédelec (Paris : Classiques Garnier, 2010)

SCUDÉRY, GEORGES DE, *La Comédie des comédiens* [1635], éd. Joan Crow (Exeter : University of Exeter, 1975)

Supplément au dictionnaire universel français et latin vulgairement appelé Dictionnaire de Trévoux (Nancy : Pierre Antoine, 1752)

TALLEMANT DES RÉAUX, GÉDÉON, *Historiettes*, éd. Antoine Adam, 2 vol. (Paris : Gallimard, « Pléiade », 1960-1961)

Théâtre du XVIIe siècle, éd. Jacques Truchet et André Blanc (Paris : Gallimard, « Pléiade », 1992), III

Théâtre du XVIIe siècle, éd. Jacques Truchet (Paris : Gallimard, « Pléiade », 1972), I

TITON DU TILLET, EVRARD, *Le Parnasse français* (Paris : Coignard, 1732), 638-43

TRAVENOL, LOUIS, *Histoire du théâtre de l'Académie Royale de musique en France, depuis son établissement jusqu'à présent*, 2e édition (Paris : Duchesne, 1757)

VOLTAIRE, FRANÇOIS MARIE AROUET, *Vie de Molière*, in *The Complete Works of Voltaire* (Oxford : Voltaire Foundation, 1999), IX, 323–463
—, *Le Siècle de Louis XIV*, in *Œuvres historiques*, éd. René Pomeau (Paris : Gallimard, « Pléiade », 1957), 605–1220

Bibliograhie secondaire

ALASSEUR, CLAUDE, *La Comédie-Française au XVIIIe siècle. Étude économique* (Paris : Mouton & Co, 1967)
BELMAS, ÉLISABETH, *Jouer autrefois. Essai sur le jeu dans la France moderne (XVIe–XVIIIe siècle)* (Paris : Champ Vallon, 2006)
BIET, CHRISTIAN, « De la veuve joyeuse à l'individu autonome », *Dix-septième siècle*, 187 (1995), 307–30
—, « L'avenir des illusions, ou le théâtre et l'illusion perdue », *Littératures classiques*, 44 (2002), 175–214
—, « Le roi et l'auteur (*L'Impromptu de Versailles*) », *Les Cahiers de la Comédie-Française*, 7 (1993), 2–100
—, *Droit et littérature sous l'Ancien Régime. Le Jeu de la valeur et de la loi* (Paris : Honoré Champion, 2002)
BONNASSIES, JULES, *La Musique à la Comédie-Française* (Paris : Baur, 1874)
CESSAC, CATHERINE, *Marc-Antoine Charpentier* (édition revue et augmentée) (Paris : Fayard, 2004). (Voir aussi le site que l'auteur consacre à Marc-Antoine Charpentier, <http://www.charpentier.culture.fr>)
CLARKE, JAN, « Daily Life in the Professional Theatre According to the *Comédies des Comédiens* », *Le Nouveau Moliériste*, VI (2007), 3–38
CLARKE, JAN, PIERRE PASQUIER, et HENRY PHILLIPS, *La Ville en scène en France et en Europe (1552–1709)* (Oxford : Peter Lang, 2011)
CONESA, GABRIEL, *Pierre Corneille et la naissance du genre comique (1629–1636)* (Paris : Société d'étition d'enseignement supérieur, 1989)
CURTIS, A. ROSS, *Crispin premier. La Vie et l'œuvre de Raymond Poisson, comédien-poète du XVIIe siècle* (Paris : Klincksieck, 1972)
D'AMICO, SILVIO, éd., *Enciclopedia dello spettacolo*, 12 vol. (Rome : Casa editrice le Maschere, 1954–1968)
DAUCÉ, SÉBASTIEN, « *Angélique et Médor*, comédie de Dancourt mêlée de musique de Charpentier : quelques réflexions autour des pratiques d'interprétation », *Bulletin Charpentier* 2 (2009), 15–19
Dictionnaire du littéraire, éd. Paul Aron, Denis Saint-Jacques et Alain Viala, 2e édition (Paris : P.U.F, 2004)
DUNKLEY, JOHN, *Gambling : a Social and Moral Problem in France, 1685–1792* (Oxford : Voltaire Foundation, 1985)
FAJON, ROBERT, *L'Opéra à Paris du Roi Soleil à Louis le Bien-Aimé* (Genève-Paris : Slatkine, 1984)
FORESTIER, GEORGES, « L'actrice et le fâcheux dans les comédies de comédiens du XVIIe siècle », *Revue d'Histoire Littéraire de la France*, 80, 1 (1980), 355–65
—, « *L'Impromptu de Versailles*, ou Molière réécrit Molière », *Cahiers de Littérature du XVIIe siècle*, X (1988), 197–217

—, « La catégorie des "comédies de comédiens" au XVIIe siècle », *L'Information littéraire*, 34, 3 (1982), 102–07

—, *Le Théâtre dans le théâtre* (Genève : Droz, 1996)

FUMAROLI, MARC, « Microcosme comique et macrocosme solaire : Molière, Louis XIV et *L'Impromptu de Versailles* », *Revue des Sciences Humaines*, 145 (1972), 95–114

GUEULETTE, CHARLES, *Acteurs et actrices du temps passé. La Comédie-Française. Première série* (Paris : Librairie des bibliophiles, 1881)

HAZARD, PAUL, *La Crise de la conscience européenne, 1680-1715* [1935] (Paris : Fayard, 1961)

HILLAIRET, JACQUES, *Dictionnaire historique des rues de Paris*, 10e édition (Paris : Les Éditions de minuit, 1997)

HITCHCOCK, H. WILEY, « Marc-Antoine Charpentier and the Comédie-Française », *Jounal of the American Musicological Society*, 24, 2 (Summer 1971), 255–75

—, *Les Œuvres de Marc-Antoine Charpentier. Catalogue raisonné* (Paris : Picard, 1982)

HOSTIOU, JEANNE-MARIE, « La fabrique des spectacles au miroir des comédies de comédiens. Étude d'une réécriture de *L'Impromptu de Versailles* de Molière », *in La Fabrique du théâtre avant la mise en scène (1650-1880)*, éd. Pierre Frantz et Mara Fazio (Paris, Desjonquères, 2010), 82–95

—, « Le théâtre mineur d'une institution majeure : la production des comédiens-poètes à la Comédie-Française (1680-1743) », *in Écrire en mineur au XVIIIe siècle*, éd. Christelle Bahier-Porte et Régine Jomand Baudry (Paris : Desjonquères, 2009), 346–73

—, *Les Miroirs de Thalie. Le Théâtre sur le théâtre et la Comédie-Française*, thèse de doctorat, sous la direction d'Alain Viala, soutenue en décembre 2009 à l'université Paris III-Sorbonne Nouvelle, déposée à la bibliothèque Gaston Baty. À paraître aux éditions Garnier

—, « La vogue du prologue dramatique (1680-1760) », à paraître dans Florence Boulerie (éd.), *La Médiatisation du littéraire dans l'Europe des XVIIe et XVIIIe siecles*, Biblio 17 (Tübingen : Narr Verlag, 2013)

JAL, AUGUSTE, *Dictionnaire critique de biographie et d'histoire* [1872] (Genève : Slatkine, 1970)

JUBINVILLE, YVES, *Rivages de la scène : théorie et pratique du prologue dramatique à Paris au XVIIIe siècle*, Thèse de doctorat soutenue en avril 2001, à l'université de Paris III, sous la direction de Martine de Rougemont, déposée à la bibliothèque Gaston Baty

LA GORCE, JÉRÔME DE, *Jean-Baptiste Lully* (Paris : Fayard, 2002)

—, *L'Opéra à Paris au temps de Louis XIV. Histoire d'un théâtre* (Paris : Desjonquères, « La Mesure des choses », 1992)

LAGRAVE, HENRI, « La Comédie-Française au XVIIIe siècle ou les contradictions d'un privilège », *Revue d'Histoire du Théâtre*, 33 (1980), 127–41

—, *Le Théâtre et le public à Paris de 1715 à 1750* (Paris : C. Klincksieck, 1972)

LANCASTER, HENRY CARRINGTON, *A History of French Dramatic Literature in the seventeenth century*, 9 vol. (Baltimore : John Hopkins Press, 1929-1942)

—, *The Comédie-Française, 1680-1701. Plays, actors, spectators, finances* (Baltimore : John Hopkins Press, 1941)

Le Blanc, Judith, « Présences en creux de Lully dans *Le Malade imaginaire*, ou la subtile réaffirmation de la comédie sur le genre naissant de l'opéra », *Le Nouveau Moliériste*, VII (2007), 83-101

—, « La comédie, caisse de résonance de la mode des vers chantés, ou "Est-ce que c'est la mode de parler en musique ?" à la fin du XVIIe siècle ? », *Theatre, Fiction, and Poetry in the French Long Seventeenth Century, Le Théâtre, le roman, et la poésie à l'âge classique*, éd. William Brooks et Rainer Zaiser (Oxford : Peter Lang, 2007), 179-97

—, « Parodies d'opéras et coexistence des musiques de Lully et Charpentier sur la scène de la Comédie-Française », *Bulletin Charpentier* 2 (2009), 3-14

Lemazurier, Pierre-David, *Galerie historique des acteurs du théâtre français, depuis 1600 jusqu'à nos jours* (Paris : Chaumerot, 1810)

Louvat-Molozay, Bénédicte, *Théâtre et musique : dramaturgie de l'insertion musicale dans le théâtre français, 1550-1680* (Paris : H. Champion, 2002)

Lyonnet, Henry, *Dictionnaire des comédiens français, ceux d'hier : biographie, bibliographie, iconographie* (Genève : Bibliothèque de la revue internationale illustrée, 1912)

Mongrédien, Georges, et Jean Robert, *Les Comédiens français du XVIIe siècle. Dictionnaire biographique*, 3e édition (Paris : CNRS, 1981)

Monval, Georges, *Un comédien amateur d'art. Michel Baron (1653-1729)* (Paris : Aux bureaux de l'artiste, 1893)

—, *Un comédien bibliophile. La bibliothèque de Baron* (Paris : Techener, 1898)

Planché, James Robinson, *Cyclopædia of Costume or Dictionary of Dress*, 2 vol. (Londres : Chatto and Windus, 1879)

Poëte, Marcel, *Au jardin des Tuileries. L'art du jardin. La promenade publique* (Paris : A. Picard, 1924)

Powell, John S., « Charpentier, Marc-Antoine », in *The New Grove Dictionary of Opera*, éd. Stanley Sadie (Londres : The Macmillan Press Limited, 1992), I, 823-24

—, *Music and Theatre in France (1600-1680)* (Oxford : Oxford University Press, 2000). (Voir aussi le site consacré par l'auteur à « Music and Theater in 17th-Century France », <http://www.personal.utulsa.edu/~john-powell/theater/>)

Ranum, Patricia et Catherine Cessac, « 'Trois favoris d'ut re mi fa sol la' : août 1672, les Comédiens français taquinent leurs confrères italiens », *Bulletin de la Société Marc-Antoine Charpentier*, 15 (1998), 12-21

Ranum, Patricia, « 1662 : Marc-Antoine Charpentier et les siens », *Bulletin de la Société Marc-Antoine Charpentier* (1990), 2-15. (Voir aussi le site que l'auteur consacre notamment à ses recherches sur Charpentier, <http://ranumspanat.com>)

—, « A sweet servitude : A musician's life at the court of Mlle de Guise », *Early Music*, XV (1987), 346-60

Roberts, William, « The Tuileries gardens of Le Nôtre, seen by Perellet, Silvestre and Others », Erec R. Koch (éd.), *Classical Unities : Place, Time, Action*, Biblio 17 (Tübingen : Günter Narr Verlag, 2002), 57-67

Rougemont, Martine de, *La Vie théâtrale en France au XVIIIe siècle* (Paris : Champion, 2001)

Schérer, Jacques, *Théâtre et anti-théâtre au XVIIIe siècle* (Oxford : Clarendon Press, 1975)

SCHMELING, MANFRED, *Métathéâtre et intertexte. Aspects du théâtre dans le théâtre* (Paris : Lettres modernes, 1982)
SCHNEIDER, HERBERT, *Chronologisch-thematisches Verzeichnis sämtlicher Werke von Jean-Baptiste Lully (LWV)* (Tutzing : Schneider, 1981)
SPIELMANN, GUY, « Pour une syntaxe du spectaculaire au XVIIe et au XVIIIe siècles », in *Les Arts du spectacle au théâtre (1550-1700)*, éd. Marie-France Wagner et Claire Le Brun-Gouanvic (Paris : Honoré Champion, 2001), 219-60
—, «Viduité et pouvoir dans le discours comique, 1683-1715», *Dix-Septième siècle*, 187 (1995), 331-43
—, *Le Jeu de l'ordre et du chaos. Comédie et pouvoirs à la Fin de règne, 1673-1715* (Paris : Honoré Champion, 2002)
TIERSOT, JULIEN, *La Musique dans la comédie de Molière* (Paris : La Renaissance du livre, 1922)
TROTT, DAVID, *Théâtre du XVIIIe siècle. Jeux, écritures, regards* (Montpellier : Espace 34, 2000)
VIALA, ALAIN, *La France galante* (Paris : P.U.F., 2008)
YOUNG, BERT-EDWARD, *Michel Baron, acteur et auteur dramatique* (Grenoble : Allier frères, 1904)

Phoenix

Phoenix is a series dedicated to eighteenth-century French drama. With a particular attention to performance history and the audience's experience, these editions make accessible to students and scholars alike a range of plays that testify to the diversity and vibrancy of that period's theatre. Phoenix is a joint project between the Université de Paris-Sorbonne and Durham University.

Phoenix est une collection consacrée au théâtre français du dix-huitième siècle. Ses publications portent une attention particulière à l'histoire des représentations et à la place du spectateur. Elles mettent à la disposition des étudiants comme des spécialistes un ensemble de pièces qui témoignent de la variété et du dynamisme de la scène théâtrale de l'époque. Phoenix est le résultat d'une collaboration entre l'Université de Paris-Sorbonne et l'Université de Durham.

www.phoenix.mhra.org.uk

MHRA Critical Texts

This series aims to provide affordable critical editions of lesser-known literary texts that are not in print or are difficult to obtain. The texts will be taken from the following languages: English, French, German, Italian, Portuguese, Russian, and Spanish. Titles will be selected by members of the distinguished Editorial Board and edited by leading academics. The aim is to produce scholarly editions rather than teaching texts, but the potential for crossover to undergraduate reading lists is recognized. The books will appeal both to academic libraries and individual scholars.

Malcolm Cook
Chairman, Editorial Board

Editorial Board

Professor Catherine Maxwell (English)
Professor Malcolm Cook (French) (*Chairman*)
Professor Ritchie Robertson (Germanic)
Professor Derek Flitter (Hispanic)
Professor Brian Richardson (Italian)
Dr Stephen Parkinson (Portuguese)
Professor David Gillespie (Slavonic)

www.criticaltexts.mhra.org.uk

www.ingramcontent.com/pod-product-compliance
Lightning Source LLC
Chambersburg PA
CBHW071509150426
43191CB00009B/1452